알타이어 계통 제언어의 기초어휘 연구

Study on the basic vocabulary of Altaic Languages

정승혜·태평무·김영황

박문사

본 연구는 2008년도 정부재원(교육인적자원부 학술연구조성사업비)으로 한국연구재단의
지원을 받아 연구되었음(KRF-2008-A00001).

▮▮ 머리말 ▮▮

우리말의 계통에 대한 연구는 문헌자료의 제한으로 말미암아 심화된 연구가 어려운 실정이다. 그동안 우리말과 같은 계통이라고 알려진 알타이 관계 언어와 해당 언어 소유자들이 사멸의 위기에 처해 있어, 우리말과의 횡적인 비교연구가 나날이 힘들어지고 있다. 현재까지 알려진 바에 의하면 지금 세계에는 50여 개의 알타이어 계통 언어가 있는데, 이 언어들은 주로 중국, 터키, 몽골인민공화국, 러시아, 이란, 아프가니스탄, 동유럽과 동아시아에 분포되어 있다고 한다. 이 가운데 중국은 세계적으로 알타이 계통 언어가 가장 많고 언어자료도 풍부하며 분포 지역이 가장 집중되어 있어 알타이어 계통 연구에 가장 이상적인 곳이다.

본 연구의 목적은 중국에 현전하는 19개 알타이어족 언어의 공통 기초어휘를 선정하고 실제 어휘를 조사함으로써 나아가서는 우리말과의 대조 연구를 하기 위한 자료로서 이용할 수 있는 토대를 마련하는 것이다. 나아가 중국의 알타이어와 우리말과의 횡적 대조연구를 하는 가운데 그들 사이의 여러 가지 어음대응관계와 상호간의 어음, 의미변이 가운데서 가능한 인과관계를 찾아내고 새로운 연구의 실마리를 찾아낼 수 있다면 더욱 좋을 것이다. 이러한 방대한 언어의 횡적 대비는 우리말의 계통연구와 기타 알타이 제언어들 간의 수평적 연구에 꼭 도움이 되리라고 확신한다.

본 연구는 한국연구재단(구 한국학술진흥재단) 남북학술교류지원사업의 재원으로 이루어졌다. 연구책임자인 수원여자대학의 정승혜 교수와 중국의 중앙민족대학의 태평무 교수, 김일성종합대학의 김영황 교수가 공동으로 연구를 진행하였다. 한국연구재단과 그동안 연구에 도움을 주신 조사자 및 제보자들께 깊은 감사의 마음을 표한다. 본래는 연구결과를 논문으로 제출하려 했으나 조사한 언어 자료의 분량이 많은 관계로, 얇으나마 책의 형태로 출간하게 되었다. 출판계의 어려운 사정에도 불구하고 본서를 흔쾌히 출판해 준 제이엔씨의 모든 관계자 여러분께도 감사를 드린다.

2011년 孟夏에
연구자 일동 씀

알타이어 계통 제언어의 기초어휘 연구

Study on the basic vocabulary of Altaic Languages

▮▮ 목 차 ▮▮

알타이어 계통 제언어의 기초어휘 연구

Study on the basic vocabulary of Altaic Languages

1. 알타이어 계통 제 언어 기초어휘 연구와 배경

2. 알타이어 계통 언어 기초어휘 연구의 목표

3. 알타이 계통 언어 기초어휘 연구의 필요성과 연구 현황

4. 연구 내용 및 방법

5. 알타이어 계통 언어 기초어휘 선정의 과정

6. 결어

알타이어 계통 제언어의 기초어휘 연구

Study on the basic vocabulary of Altaic Languages

1.
알타이어 계통 제 언어
기초어휘 연구와 배경

현재 세계적으로 약 3000여 개의 언어가 있는 것으로 추정되는데, 크게 인도-유럽어 계통, 한-장어 계통 그리고 알타이어 계통으로 나뉜다. 알타이어 계통 연구는 이미 100여 년의 역사를 가지고 있다. 알타이 언어이론 연구의 보편적인 견해에 따르면, 지금 세계에는 거의 50개의 알타이어 계통 언어가 있는데 주로 튀르크어파의 언어가 20개(위구르어, 우즈베크어, 서부위구어, 카자크어, 키르키즈어, 카라칼파커어, 사라어, 눠가이어, 타타르어, 바스킬어, 쿠무커어, 더키어, 아사이파장어, 투크만어, 알타이어, 투와어, 하카스어, 야쿠터어, 츠와스어와 기타 일부 언어들), 몽골어파 언어가 9개(몽골어, 부리아트어, 카얼캐크어, 다월어, 투주어, 보안어, 둥샹어, 동부위구어, 머거이러어 등), 만-퉁구스어파 언어가 13개(만주어, 시버어, 어원커어, 오르촌어, 네기다르어, 아이문어, 아이문기어, 허저어, 나나이어, 우리치어, 오라크어, 오라치어, 우더카이어 등)가 있으며 이외에도 아직 현안으로 남아있는 한국어와 일본어가 있다. 이런 언어들은 주로 중국, 터키, 몽골인민공화국, 러시아, 이란, 아프가니스탄 그리고 동유럽과 동아시아에 분포되어 있다.

중국은 알타이어 계통 제 민족의 주요 발상지로서 유구한 역사와 더불어 풍부한 언어자원을 가지고 있다. 중국에는 지금 20개의 알타이 계통의 언어를 가지고 있는데 거기에는 튀르크어파에 위구르어, 우즈벡어, 서부위구어, 카자크어, 키르키즈어, 사라어, 타타르어, 투와어 등 8가지가 있으며, 몽골어파에는 몽골어, 따워얼어, 투주어, 보안어, 둥샹어, 동부위구어 등 6가지가 있으며, 만·퉁구스어파에는 만주어, 시버어, 어원커어, 오르촌어, 허저어 등 5가지가 있다. 이외에도 아직 귀속문제가 해결되지 않은 조선어(한국어)가 있다. 따라서 중국에는 세계적으로 알타이 계통 언어가 가장 많고 언어자료가 가장 풍부하며 분포지역이 가장 집중되어 있어 알타이어 계통 연구에 가장 이상적인 곳이다.

그러나 알타이 언어학 연구는 오히려 유럽으로부터 시작되었으며 구미학자들의 공헌이 크다. 그 대표인물로는 핀란드의 저명한 몽골학자이며 튀르크 학자인 람스테트(1873-1950)를 들 수 있다. 그는 알타이학을 창시하였고 알타이 언어 형태면에서의 계통적인 비교연구에 특수한 공헌을 하였다. 그는 튀르크어와 몽골어의 관계로부터 시작하여 알타이 언어 수사와 동사 구성의 접사와 어음, 어법의 특성을 연구하였으며 후에 일본어와 한국어의 연구도 진행했다. 그는 알타이 제 언어 역사적 비교를 걸쳐 <알타이 언어의 구개음>, <알타이 언어의 동사로부터 변화하여 온 -j말음 명사>, <알타이 언어의 동사로부터 변화하여 온 -m말음 명사>, <알타이어와 기타 언어의 관계> 등의 저서와 <칼매크어사전> 등을 출간하였다. 특히 그의 제자인 번치. 알토가 스승의 강의고를 정리하여 출간한 <알타이 언어학개론>은 튀르크어파와 몽골어파 및 만·퉁구스어파 제 언어와 한국어 사이에 친족관계가 있다고 증명하고 나서 <알타이학 이론>을 창립하였다. 그와 때를 거의 같이하여 러시아 뻬드로그라드 대학의 뽈스까 학자 브꼬트비치, 러시아학자 루더네브, 울라지미르자브, 헝가리학자 유리우스 네므트, 깜버츠 등 학자들도 많은 연구 성과를 내놓았다. 람스테트 이후의 가장 영향력이 있는 학자로는 미국의 포페를 들 수 있는데 그는 선인들의 연구 성과를 종합하고 알타이어족 제 언어의 어음, 어휘, 형태 등에서의 대응관계를 밝히고 <알타이 언어 자음체계>, <알타이어와 원시 튀르크어>, <알타이 언어학개론>, <알타이 언어비교문법>, <몽골어 비교연구서론> 등 많은 저서들을 펴냈다. 그리고 포페의 제자이며 미국의 저명한 한학자이며 만학자인 뤄제루이를 들 수 있다. 이러한 많은 학자들은 알타이어 계통 제 언어들의 비교연구에서 많은 성과를 거두었다.

중국과 한반도에서의 알타이 언어학 이론은 해외 학술연구 성과의 영향으로 비교적 빠른 발전을 가져왔다. 중국에서는 이미 인도-유럽 계통의 언어와 한·장 계통의 언어 및 알타이 계통의 언어가 함께 발전하고 있으며 그 성과도 적지 않다. 물론 알타이 언어의 친족관계 연구는 아직까지 학계에서 일치한 견해를 보지 못하고 있으며 지금까지 회의적 태도를 취하거나 부정적인 견해를 가진 학자들도 적지 않다. 그들은 상기 세 개 어족들 사이에는 친족관계가 아니라 서로 영향을 주며 차용관계에 있는 언어라고 주장한다. 더욱이 우리말의 귀속문제를 놓고 아직까지 회의적인 태도를 취하는 학자들도 많다. 따라서 현재까지 발굴된 자료와 연구 성과를 가지고는 아직 그 확정적인 결론을 내릴 수 없는 형편이다. 그렇다고 우리말의 계통연구를 그저 방치해 둘 수도 없는 현실이다. 현재 우리가 할 수 있는 일이라면 중국의 19개 알타이어족 언어와 우리말의 가능한 횡적 대조연구를 하는 가운데서 그들 사이의 여러 가지 어음 대응관계와 서로간의 어음, 의미변이 가운데서 가능한 인과관계를 찾아내고 새로운 연구의 실마리를 찾아내는 것이다. 이러한 방대한 언어의 횡적 대비는 우리말의 계통 연구와 기타 알타이 제 언어들의 수평적 연구에 꼭 도움이 되리라고 확신한다.

알타이어 계통 제언어의 기초어휘 연구

Study on the basic vocabulary of Altaic Languages

2.
알타이어 계통 언어
기초어휘 연구의 목표

① 세계적으로 알타이어 계통 언어 연구에는 아직 통일된 견해가 없으며 '알타이어족' 언어 사이의 동일성에 대해서도 친족관계가 아니라 상호 접촉에 의한 차용관계나 영향관계로 보는 학자들도 많다.

② 한국어의 계통문제도 아직 이렇다할만한 충분한 근거를 내놓지 못하고 있으며 기성 문헌자료와 연구 성과를 가지고는 더 심화된 차기 연구를 기대하기 어려운 형편이다.

③ 중국은 알타이 민족의 주요 발상지로서 그 언어의 현실자료가 풍부하고 문헌자료도 풍부하며 독해하고 연구할 수 있는 학자들도 많아 그 연구에 유리한 조건을 보유하고 있다. 하지만 많은 알타이어 계통 언어들이 절멸의 위기에 처해 있으며 그 언어소유자들이 나날이 줄어들고 있어 시급히 우리들의 수집, 정리할 것을 기다리고 있는 것도 사실이다. 불과 1-20년 사이에 절멸할 언어도 많은 것으로 보인다.

따라서 우리말의 계통에 대한 연구는 그 문헌자료의 제한으로 더욱 심화된 연구가 어려우며 관계 언어와 언어 소유자들이 사멸의 위기에 처해있는 바, 그 횡적인 비교연구조차 나날이 힘들어 가고 있는 형편이다. 이러한 상황에서 우리는 한국, 북한, 중국을 중심으로 해서 먼저 우리말 기초어휘목록의 원칙을 세우고, 이를 근거로 중국에서의 19개 알타이어족 언어의 기초어휘를 확정하고, 나아가서 그것을 국제음성기호로 전사하고 분석하며 앞으로 적당한 시기에 <알타이어 계통 20개 언어 기초어휘대조사전>을 편찬하여 우리말을 비롯한 전체 알타이어족의 횡적 비교연구와 종합연구에 기초자료를 제공하는 것이다. 그것을 위해 우리가 먼저 해야 할 일은 우리말 기초어휘를 확정하고 거기에 대한 분류와 국제음성기호 전사를 완수하고 그것을 가지고 지금 중국에 살아있는 다른 19개 언어와의 대조분석에 대한 준비 작업을 한다. 이것은 당면한 우리말의 계통연구에 도움을 줄 수 있는 가장 실제적이고 가능성이 있는 대안이며 기타 알타이 계통 언어들의 심화된 연구에 일정한 도움이 되리라고 생각한다.

3.
알타이 계통 언어 기초어휘 연구의
필요성과 연구 현황

3.1. 알타이 계통 언어 기초어휘 연구의 필요성

언어는 저마다 자기의 기본어휘와 기초어휘를 가지고 있는 바, 기초어휘란 시대적으로 고대로부터 오늘에 이르기까지 계속 사용되어 온 순수한 고유어이며 구조적으로 새로운 어휘소를 형성시키는 조어의 핵이 되는 단일어이다. 의미적으로는 시대의 변천 및 문화적인 환경의 영향을 받지 않으며 민족의 사고나 생활에 필수적인 의미를 지닌 어휘소들의 집합체를 말한다. 따라서 이것은 공통조어에서 공동으로 가졌던 어휘가 시간 흐름의 영향을 적게 받아 원형을 지킬 가능성이 많은 어휘를 말하며 파생이나 합성 등 2차 조어의 근간이 되는 최소한의 필수적인 어휘이고 언어생활에서 빈도수가 높고 사용범위가 넓은 어휘들이다. 기본어휘란 지금까지 국내외에서 이루어진 어휘조사에 의해 공시적인 사용빈도와 사용범위를 기준으로 하여 선정한 어휘목록을 말한다. 다시 말해서 기초어휘는 그 언어에서의 고유어이고 시간적으로 오래며 단일 형태소로서 합성어를 이루는 근간이 된다.[1]

---

1) 기초어휘에 대한 개념은 제5장에서 다시 논의할 예정이다.

3.2. 알타이어 계통 언어 기초어휘 연구의 현황

3.2.1. 중국에서의 연구

알타이 계통 언어 연구의 기본 조건으로 말하면 중국학자들이 마땅히 중요한 역할을 하였어야 하는데 여러 가지 원인으로 하여 우리의 연구는 단일 언어나 단일어족의 제한 된 범위 내에서 튀르크어나 몽골어 또는 만-퉁구스어와의 연구 및 이 언어들과 한국어 내부에서의 일부 역사적 비교연구를 한 데 불과하며 언어 전반의 거시적 연구와 역사비교언어학 측면에서의 연구에서는 별로 큰 업적이 없고 그저 해외의 연구성과를 번역 소개하는 정도에 불과한 것으로 알고 있다. 그래도 얼마간 위안을 느낄 수 있었던 것은 신중국이 성립된 후, 특히 중국 문화대혁명 이후 알타이 언어학 연구에서는 새로운 발전을 가져왔으며 각 어족 사이의 연구에서도 새로운 성과를 보이기 시작했다. 이를테면 풍가성, 이삼, 경세민, 칭거얼타이, 하미티 등 저명한 학자들이 배출되었으며 이들은 튀르크어와 알타이어 사이의 종합 연구에서 적지 않은 성과를 올렸다. 몽골어파와 만-퉁구스어파의 연구 성과도 많이 나왔다. 특히 21세기에 들어오면서 중국의 중앙민족대학에서는 몇 차례에 걸쳐 알타이 언어와 알타이 민족 신화에 대한 국제학술회의를 개최하였고 알타이학 연구중심을 설립하였다. 또한 튀르크어학과와 만주어과를 설립하여 <튀르크어사전>과 기타 알타이어 관계 저서와 대조언어학 저작과 사전을 편찬하였고 많은 역저들도 내놓았다. 현재 중앙민족대학에는 40여개의 언어문화를 가진 여러 민족의 연구자들이 있으며 그 종합적인 연구를 계속하고 있다. 2005년에는 또 내몽골대학에서 중국 알타이어학회를 설립하였으며 내몽골교육출판사에서는 알타이학 총서 10권을 번역 출판하였다. 20가지의 단일 언어나 언어 계통 사이의 비교연구가 비교적 폭 넓게 진행되고 있으며 기술문법과 언어간지가(语言简志) 나왔다. 그 일부 성과물을 보이면 아래와 같다.

1. <阿尔泰语言学导轮> 力提甫 主编 2002年 山西教育出版社

2. <阿尔泰语言中动词体的表达> 中国民族语言文学研究论集 戴庆厦 主编(语言专集) 2002年 民族出版社

3. <对比语言学及其应用> 国际学术会议论文集 太平武 辽宁民族出版社 2001.11

4. <面向世界的朝鲜语 (韩国) 对比研究> 国际学术会议论文集 太平武 主编 辽宁民族出版社 2001.11

5. <双语族群语言文化的调适与重构达斡尔族个案研究> 中央民族大学出版社 2005

6. <维吾尔语及其他阿尔泰语言的生成句法研究>, 专著 民族出版社, 2001年7月

7. <双语文化论纲> 中央民族大学出版社 1999

8. <从短语结构到最简方案阿尔泰语言的句法结构> 力提甫 专著 中央民族大学出版社 2004年3月

9. <汉朝语序对比研究> 太平武 (金日成大学出版社1986)

10. <语言学与社会> (辽宁民族出版社 2000) 太平武

11. <韩中对比中看日本固有合成词用言词干排列特征> 太平武 朝鲜学 北京民族出版社 2004

12. <形态变化与谓语的位置问题>太平武 朝鲜学 北京民族出版社 1993

13. <维吾尔语及其他阿尔泰语言的生成句法研究> 力提甫 专著 民族出版社 2001年7月

14. <阿尔泰语言构形成分的句法层次问题> 论文 中央民族大学学报 2002年第6期

15. <论阿尔泰语言理论和共同阿尔泰语成分> (维文) 力提甫 论文 语言与翻译 1995年 第二期

16. <达斡尔族语言现状与发展趋势莫旗达斡尔族语言调查实录>商务印书馆 2008

17. <甘青地区突厥蒙古诸语言的区域特征> 钟进文 <民族语文> 1997

18. <西部裕固语的历史地位与使用现状> 钟进文 <西北民族学院学报> 2000

19. 西部裕固语和东部裕固语中的共同谚语 (On some proverbs of the Western and Eastern Yugur languages (With Marti Roos and Hans Nugteren) 钟进文 <突厥语文学> (Turkic Languages) (德国·威斯巴登) 1999

20. <西部裕固语土耳其语共同词汇编> 钟进文

21. <五语言共同语法汇编> (日本语、蒙古语、维吾尔语 (包括西部裕固语)、蒙古语、满语 (包括锡伯语)), 日本京都大学课题 (합저)

22. 荷兰莱顿大学玛蒂如斯、汉斯著<东、西部语共同词汇编> 匈牙利 <东方学报> 1996年 1-2期

그러나 상기한 알타이어 계통 언어들은 또한 지금 중국 주류사회의 정치, 경제와 문화 등 면에서의 영향으로 하여 중국 주체민족의 언어이며 통용어인 한어(漢語) 쪽으로 변이, 동화되어 가고 있으며 순수 민족어소유자들이 갈수록 줄어들고 있는데, 상황이 상당히 심각하다.

3.2.2. 한국에서의 연구

한국에서도 알타이어학 연구에서 적지 않은 성과를 거두었다. 한국에서는 일찍이 1985년에 알타이학회를 설립하여 한국과 주변 알타이 제민족의 언어, 문화, 역사, 민속 등 문화 전반을 주된 연구 대상으로 삼고 이미 학술지 <알타이학보>를 펴냈으며 여러 차례 국제학술모임을 가지고 대내외 학자들의 연구논문을 발표하였다. 그밖에 또한 비정기 간행물 <언어문화연구총서> 등 개인 저서들이 많다. 그 연구 성과는 학회논문집의 목차로부터도 대체적인 모습을 엿볼 수 있다.

제1호 (5편)

1. Altan Tobci 硏究 노트 (김방한)

2. 『華夷譯語』의 <納門駙馬书>에 대한 再解釋 －14世紀後半 모굴汗國史解明의 一資料－ (김호동)

3. 『蒙語類解』에 보이는 圓脣母音分布의 制約性 (鄭堤文)

4. 투르크어와 한국어의 음운비교 (최한우)

5. Historical Pitch in Korean and Japanese (Roy Andrew Miller)

제2호 (5편)

1. 만주어 모음 체계의 변천에 대하여 (김주원)

2. 初期滿洲語辭典들에 대한 언어학적 연구 (성백인)

3. Significance of Korean Materials in the Study of Manchu (Jiro IKEGAM)

4. 元朝秘史卷頭の一文 (小澤重男)

5. 『三譯总解』底本考 (岸田文隆)

제3호(7편)

1. 몽골語 몽구오르 方言의 借用語에 관하여 (김방한)

2. 한국어 속의이른시기의중국어차용어 (김완진)

3. 한국어속의 만주퉁구스제어 차용어에 대하여 (이기문)

4. Mongolian Loan－words in Korean (Ki-MoonLee)

5. 金啓宗과 淸格尔泰 －中國의 두 元老 알타이語學者 (金東昭)

6. 『蒙語類解』와 『御製滿珠蒙古漢字三合切音淸文鑑』의 語彙對照 (정제문)

7. 터어키 내의 뛰르크 언어학 및 알타이 언어학 연구 (최한우)

제4호(6편)

1. 現存司譯院 淸學书와 그 硏究 (성백인)

2. 초기 중세 몽골어에서 사람의 신체부위를 가리키던 어휘 (유원수)

3. Notes on Some Titles of Paekje (Han-woo Choi)

4. 『漢語抄』의 出處 (岸田文隆)

5. 蒙古語における <瞼>と <眉> を 表わす語の 意味変化について−特に, その語 構造に 言及して (盐谷茂樹)

6. 만주어의 계량 언어학적 연구 (연규동)

제5호(7편)

1. 3種의 滿文 主祈套祷文 (金東昭)

2. 關於利用電腦分析 ≪御製增訂淸文鑑≫ 的硏究 (中島幹起)

3. Expressing the Concept of Possibility in Written Manchu (Masoto YAMAZAKI)

4. ウイルタ語の場所などを表す語の構成について (池上二良)

5. 滿洲語文語における「理由+命令」構文−预备的报告− (早田輝洋)

6. 「몽골비사」 지명의 몽골어 요소 (유원수)

7. 한국어 속의 이른 시기의 튀르크어 차용어 (최한우)

제6호(7편)

1. 錫伯族言語硏究序說 (金東昭)

2. 만주퉁구스 제어의 전설모음의 발달에 대하여 (김주원)

3. 『舊滿洲檔』의 jisami와 『滿文老檔』의 kijimi (성백인)

4. Vowel Harmony in Khalkha Mongolian (Ann DENWOOD)

5. The verbal noun suffix −san in Khalkha Mongolian: Past or Perfective? (Jae-mog SONG)

6. On the Adverb ti in Orkhon Turkic (Talat TEKIN)

7. 한국어 어원 연구 논저 목록 (고동호)

제7호(9편)

1. On Some Popular Medical Herb Names of the Sibe People (Giovanni STARY)

2. ツングース諸語における基礎語彙-(名詞編) (風間伸次郎)

3. 할하몽골어의 'xapax' '보다'와 'үзэх' '보다' (유원수)

4. 18세기 칼묵어 자료의 어휘적 검토 (최형원)

5. 契丹語數詞及契丹小字併讀法 (淸格爾泰)

6. 거란어와 몽골어의 十二支 (Chinggeltei)

7. kügü-kügüy "이모(姨母)"에 대하여 (이용성)

8. 초기 한반도와 중앙아시아 관계에 대한 역사비교언어학적 조명 (최한우)

9. 자음교체와 음운화 (정도상)

제8호(13편)

1. 新疆地區의 TUNGUS族과 그 言語 ¨- 2種의 未公開 錫伯語 資料 紹介를 兼하여- (金東昭)

2. 女眞語無二次長元音考 (愛新覺羅, 烏拉熙春)

3. The Conjunctive Verb g u- in Spoken Manchu Language (M. Enghebatuɪ)

4. 從一幅滿文『盛京城闕圖』看沈阳一代都城的"建王 佩 環

5. 滿洲語文語における文字表記と音韻についての一報告 (早田輝洋)

6. Burinsk -約의 만주文과 몽골文 (최형원)

7. Auxiliary Verb Constructions in Korean and Khalkha Mongolian (Kwon Jae-il)

8. 몽골어와 한국어의 움라우트 대조 연구 (김주원)

9. Onset to onset government in Khalkha Mongolian (Ann Denwood)

10. Acoustic Analysis of Mongolian Vowels (Bayarmend Borigin)

11. Mongolian Language Studies in Korea (Jae-mog Song)

12. 于<蒙古語語音声學參数数据庫> (呼和·鮑怀翘·確精扎布·陳嘉猷)

13. One Shared Method to Express Reinforced Meaning of Adjectives in the Altaic
　　 Languages (Hugjiltu)

제9호(17편)

1. 碑文≪譯語≫女眞字非大小字混合考 −紀念女眞大字"制八百八十周年−(愛新
　　 覺羅 烏拉熙春)

2. 三家子 만주어의 I 예기 동화 (고동호)

3. 우랄 제어의 자음교체에 대한 연구 (정도상)

4. mplications of Mistakes in Mongolian Buddhist Works (Koichi HIGUCHI)

5. アルタイ諸言語のいくつかにみられる所有／存在を示す一形式について (風
　　 間伸次郎)

6. 『孝經』のモンゴル文語における曲用語尾の特徴 (栗林 均)

7. 蒙語老乞大 간행시기에 관한 몇 문제 (延圭東)

8. 할하 몽골어의 음절구조 −장모음과 이중모음을 중심으로− (송재목)

9. 阿尔泰語言中动物词语的薩滿文化含義 (趙阿平)

10. 滿語構詞法 (安雙成)

11. 古突厥語與蒙古語語音對応規律及其某些特点 (武· 呼格 吉勒圖)

12. Tungus語 조书에 關해서 (金东昭)

13. 한국어·몽골어·만주어의 의도구문 비교 연구 (최동권)

14. 할하 몽골어의 유의 동사 xapax "보다"와 үзэх "보다"의 일부형태−통사적
　　 속성 (유원수)

15. 튀르크어와 몽골어에 있어서의 色彩의 상징적 의미 (최형원)

16. Эртний Энэтхэгий н "Шукасаптати" зохиольıн Монгол аман хуви
　　 лбар (Р· Чултэмсурэн)

17. Монгол хэлний "qoyar/jirin" гэдэг тооны нэрий г мошгисон нъ (Ц

шагдарсурэн)

제10호(11편)

1. 퉁구스어의 음운구조와 문법구조 연구 (권재일·김주원)

2. 한청문감 "一云" 만주어 어구의 동시 음운론적 특징 (고동호)

3. "御制淸文"의 만주어 (성백인)

4. 조선시대의 여진학·청학 (송기중)

5. 알타이제어의 어말어미 -m에 대하여 (최동권)

6. 論滿語 seme的幾種常見用法及其詞性 (屈六生)

7. 滿洲语动词语尾-ciの文末用法と-cinaについて (津曲敏郎)

8. 현대몽골의 사회적 커뮤니케이션 (박환영)

9. 蒙语老乞大 语汇小考 (최형원)

10. Mongolic vowel shifts and the classification of the Mongolic languages Jan-Olof Svantesson (Jan Olof Svantesson)

11. 契丹小字の亲族称号について (豊田五郎)

제11호(14편)

1. 大興安嶺地區における滿洲文化 (加藤直人)

2. 사역원 청학서의 원문과 대역의 대응 관계에 대하여 (菅野裕臣)

3. Long Vowels Transcribed into the Jurchen Script (Gisaburo N. KIYOSE)

4. 稻葉岩吉博士と<百二老人語錄> (Tatsuo Nakami)

5. 淸太祖實錄考 (松村潤)

6. 허저어 지역사회 상황 고찰 (박련옥)

7. The Manchu First Person Plural Pronouns (Toshiro TSUMAGARI)

8. 中國滿學硏究五十年 (1950-2000年) (閻崇年)

9. 論淸末八旗學堂的滿文敎育 (屈六生)

10. 關于 "漢蒙機器輔助飜譯系統" (那順烏日圖·劉群·巴達瑪敖熹斯爾)

11. The Survey Report of Buriat Language and Society in Mongolia and Russia (Bayarmend BORJIGIN)

12. 탈 사회주의 몽골의 친족용어 (박환영)

13. モンゴル語の直接目的語の格選擇にみられる名詞句階層 (山越康裕)

14. 黑龍江柯爾克孜語與蒙古語輔音比較硏究(武 呼格吉勒圖)

제12호(11편)

1. 만주어 음성상징 성분의 구성 특징 (고동호)

2. 小學集註(滿文)와 飜譯小學(滿文) 硏究 (김주원)

3. 再論女眞語無二次長元音 (愛新覺羅, 烏拉熙春)

4. 네르친스크 條約의 滿洲文 考察 (崔亨源)

5. 日本東洋文庫所藏の光緖朝 〈鑲紅旗檔〉 について (細谷 良夫)

6. 內蒙古大學的蒙古語言文字硏究 (巴達瑪敖德斯爾)

7. 蒙古語句子韻律特征聲學分析 (鮑懷翹, 呼和)

8. 蒙古語三音節詞重音硏究 (鄭玉玲, 呼和, 陳嘉猷)

9. Vowel Harmony in Government Phonology (Ann DENWOOD)

10. 19세기 서양인의 국어 계통론 (宋基中)

11. Remembering Professor Kim Bang-han (Roy Andrew MILLER)

제13호(13편)

1. Documents connected with Jurchen foreign relations during the fourteenth and the seventeenth century (Yoshihiro KAWACHI)

2. P. Louis de Poirot, S. J., the first translator of the Bible into the Chinese and

Manchu languages (KIM Dongso)

3. The Kangxi emperor's linguistic corrections to Dominique Parrenin's translation of the "Manchu Anatomy" (Giovanni STARY)

4. Dersu Uzala and his language (Toshiro TSUMAGARI)

5. On the situation of the preservation and development of Oroqen (HAN Youfeng)

6. On the taxonomy of nominal cases in Mongolic (Juha JANHUNEN)

7. A Sketch of Chinese transcription system of The Secret History of the Mongols (YU Won-soo)

8. An inquiry into Daur community in Heilongjiang province (PIAO Lianyu)

9. A study of the etymologies of kamal, kamal− and kamas, kamïs− (KWON Hyuk-Yang)

10. The gap-filling sounds in Turkish (translated and annotated by LI Yong-Song)

11. Northwestern Chinese dialects with Altaic features (Nakajima MOTOKI)

12. Studies of the Altaic languages in Inner Mongolia University (Chinggeltai)

13. A study on the relation of Gu-jin-yun-hui-ju-yao(古今韻會擧要), Meng-gu-zi-yun (蒙古字韻) and Dong-guo-zheng-yun(東國正韻) (SHIN Yong-kwon)

제14호(10편)

1. A Study on Phonological Structure of the Sibe Language (KO Dong-ho)

2. A Study of Xibe Literary Words with a Focus on Linguistic Terms (KIM Dongso)

3. urchen and Manchu Tungus Words in Veritable Records of Joseon Dynasty (KIM Juwon, LEE Dong Eun)

4. Conversive words and their place in the system of parts of speech in Evenki (Boldyrev, B.V.)

5. Research on Phrase-based Transfor-mation Rules of Chinese-Mongolian MT.

(Badma-odsar)

6. A Folkloric Study of Kinship Terminology in Mongoyuhae. (PARK Hwan-Young)

7. On the Dissimilatory Weakening of Some Initial Consonants in Mongolian— With Special Reference to the Chakhar Dialect—. (B. Sechenbaatar)

8. Kalmyks in Russia: History, Lan-guage, and Culture. (ESENOVA, Tamara)

9. Preliminary remarks on the phonemic system of the Qiqihar Meilis dialect of the Dagur language.(YU Wonsoo, KWON Jae-il)

10. The Names of Parts of Human Body in "Fuyu Kirghiz". (LI Yong-sŏng)

제15호(12편)

1. Aspects of phonetic realizations of [+coronal] fricatives and affricates in Hezhe. (KO Dongho and KIM Juwon)

2. A Hundred Years Research on Tungus Studies (CHAOKE, D. O.)

3. To the Problem of Postpositions in Udihe* (TROFIMOVA, Anna)

4. Several Examples of Errors Found in Manchu Zhuan Characters in Emperors' Seals of Qing Dynasty (HUANG, Xihui)

5. On the Relation between Ch'ŏphae Mongŏ(捷解蒙語) and Manchu Literatures (MATSUOKA, Yuta)

6. A Folkloric Study on Terms concerning Animals and Plants in Contemporary Mongolian (PARK Hwan-Young)

7. Orkhon (Runic) Script Monuments In Mongolia (Bold LUVSANDORJ)

8. Historical Importance of the Biography of Zaya Pandita (MIYAWAKI-OKADA, Junko)

9. Saghang Erke Sechen Khong Tayiji and his Erdeni-yin Tobchi in the Light of Their Relations with the Ch'ing Supremacy (OKADA, Hidehiro)

10. A Government Phonology View of Harmony in Karaim (DENWOOD, Ann)

11. The Dunganese in Central Asia and the language of 'Xiaoerjin' (小兒錦) (KANNO, Hiroomi)

12. Case marking strategies in spatial relations: Uralic vs. Tungus-Manchurian languages (KOSHKARYOVA, Natalya and Anna GERASIMOVA)

제16호(11편)

1. 조선왕조실록의 번역에 나타난 오류 －야인(여진족)에 관한 기록을 중심으로－ (김주원)

2. Lexicographic and Theoretical Research of Endangered Languages of Ethnical Minorities in Siberia, Sakhalin, and Far East: About Researches of the Sector of Tungus－Manchu Languages in 1997-2003 (Boldyrev Boris)

3. 만주어의 친족 명칭 연구 (연규동)

4. 蒙古語名詞短語結構規則庫的建設 (Dabhurbayar)

5. 蒙古語社會語言學學科方向建設說略 (S. Badmaodsar, G. Jorigt, L. Togdambayar)

6. Acoustic Analysis of the Buriat Short Vowels (Borjigin Bayarmend)

7. 新疆察哈爾話簡介 (B. Sechenbaatar)

8. Remarks on Khuuchin Barga Affricates (Won-Soo Yu)

9. The Uighur Word Materials in a Manuscript of Hua-yi-yi-yu(華夷譯語) in the Library of Seoul National University (Yong-Song Li)

10. 국어, 몽골어, 만주어 인용문 비교연구 (최동권)

11. Methodological Observations on Some Recent Studies of the Early Ethnolinguistic History of Korea and Vicinity (Christopher I. Beckwith)

제17호(14편)

1. A Tentative Study on the Practical Changes of the Oral Manchu in Sanjiazi Village (Meng Xiu Guo, Tie Chao Yin)

2. О генетическом родстве тунгусо-маньчжурских и алтай ских языков (Robbek V. A.)

3. Термины родства в тунгусо-маньчжурских языках (Myreeva A. N.)

4. Special Group of Denominative Postpositions in Udihe: in Comparative Aspect (Trofimova Anna)

5. Korean Loanwords in Jurchen and Manchu (Vovin Alexander)

6. Linguistic and Cultural Limits of Manchu Poetry in Comparison with Chinese (Stary Giovanni)

7. The Old Manchu Capital Hetu-ala: from village to open-air museum (Pang Taiana)

8. エヴェンキ語の不定對格とその能格的特徴 (Matsumoto Ryo)

9. 基與派生文法的日-蒙機器翻譯系統中的句節生成 (Shun Bai)

10. Ethnic Language Identity and the Present Day Oirad-Kalmyks (Bitkeeva Aisa)

11. 음소 배열 관계를 이용한 몽골어의 계량 언어학적 비교 연구 (최운호)

12. 音響音聲學によるモンゴル語弱母音の一考察 -ウラダ方言における解析- (Tuya)

13. 고구려어 연구의 몇 문제 -백위드 저『고구려어, 일본어의 대륙적 친족어』를 중심으로- (정광)

14. К вопросу фонетических параллелей в алтай ских языках (Andreeva Tamapa Eropobha)

제18호(12편)

1. Sakha, Even and Tungusic-Manchurian Linguistic Parallels (Robbek G. V.)

2. Changing Process and Causes of the Manchu Language in Heihe District (Meng

Xiu Guo, Tie Chao Yin)

3. 어제청문감(御製淸文鑑)의 판본(版本) 연구(硏究) (성백인, 정제문, 김주원, 고동호)

4. The Onomatopoeic Words of the Even Language (for the comparative analysis with the her Altaic languages) (Nesterova E. V.)

5. 蒙古語[X+BVP]短語的結構規則硏究 (Dabhurbayar2)

6. 再談契丹大字 "糺" 的讀音及其相關問題 (Erdenibagatur, Borjigidai)

7. 鄂倫春語與蒙古語語音比較硏究 (Hugjiltu)

8. 한국어와 카작어의 활용어미 대조 연구 (김필영)

9. Two Controversial Questions of History of "Small" Turkic Languages in Ukraine: Urum, Karay, Qrymchaq in comparison with Gagauz (Iryna M. Dryga)

10. 중세국어 "더위-"(옮기다, 부둥키다)의 어원 탐색 (권혁양)

11. 알타이제어(阿爾泰諸語)(Altaic Languages) 수사(數詞)의 일양상(一樣相) -10 단위(單位) 수사(數詞) 형성법(形成法)을 중심(中心)으로- (김동조)

12. "물"과 알타이 어족(語族) 가설(假說) (임홍빈)

제19호(12편)

1. 만문(滿文) 시경(詩經)의 번역(飜譯) 양상(樣相) 연구(硏究) (김주원, 고동호, 정제문)

2. The Peculiarities of the Language and Culture of the Eastern Evenks (Bereltueva D.)

3. 滿語, 赫哲語瀕危原因再探 (A Ping Zhao)

4. What are Sibe somingga gisun? (Giovanni Stary)

5. Myths in Epos Djanghar (Bitkeev N. Ts.)

6. The Function of the Suffix -na in Khalkha Mongolian (Benjamin Brosig)

7. 둥샹어의 중국어 차용어에 나타나는 중국어 성조의 영향 (손남호)

8. 關于新近發現的幾件契丹文墓志及以往發表的契丹文資料 (Ying Zhe Wu)

9. Explication of the Polysemantic verb kiir in the Great Akademic Explanatory Dictionary of the Yakut Language (Prokopieva S., Monastyrev V.)

10. Khakas Epics: Performance and Proper Names (Tamara Borgoyakova, Olga Subrakova)

11. 『노걸대(老乞大)』에 나타난 한아언어(漢兒言語)에 대하여 (신용권)

12. 滿文硏究之淵藪 －遼宁省档案館的淸朝档案－ (Wei Shen)

제20호(13편)

1. 어원어와 어웡키어에 나타나는 러시아어 차용어 (최문정)

2. 對錫伯語附加成分 －mak的探析 (Rong Wei He)

3. Rocognizing Basic Verb Phrases in Mongolian Corpus (Dabhurbayar, Bayarmend)

4. 『몽골비사』에 반영된 동물의 민속학적 고찰 (박환영)

5. 蒙古語和碩特土語的人稱代詞 (Sechenbaatar)

6. Syntactic Category Converter in Mongolian: Its Typological Character (Sung Ho Choi, Young Hwa Kim, Yong Sik Paik)

7. 레벤시타인 거리를 이용한 방언거리의 계산과 몽골어의 분석 (최운호)

8. 아랍 문자로 기록된 중기 몽골어의 언어적 특징 －『라술 왕조 6개 언어 어휘집』을 중심으로－ (최형원)

9. On the Principles of Sakha Ortho-graphy (Vasilieva)

10. A Newly Discovered Turkic Inscription in the Tian Shan Region: The Chiyin Tash Rock Inscription (Rysbek Alimov, Kubat Tabaldiev, Kayrat Belek)

11. Alliteration-assonance Sound Harmony in the Language of Olonkho-Sakha Heroic Epos (L. Robbek)

12. Exceptional Behaviour of Arabic Long Vowels in Modern Turkish and Uighur:
   a Government Phonology Explanation for Disharmony (Ann Denwood)

13. 카작어와 한국어의 시제 대조 (김필영)

그러나 한국의 연구에 있어서도 아직까지 우리말의 언어 계통에 대한 결론을 내릴
만한 큰 성과는 거두지 못하고 있는 형편이다.

3.2.3. 북한에서의 연구

북한에서는 아직까지 우리말이 알타이어 계통에 속한다는 공식적인 주장이 없으며,
우리말의 기원설과 역사적인 연구를 많이 한 듯하다. 거기에는 주로 홍기문 선생과
류렬 교수, 김영황 교수를 대표적으로 들 수 있다. 그들 역시 우리말 계통문제에 대해
서는 결론을 내리지 못하고 있다.

알타이어 계통 제언어의 기초어휘 연구

Study on the basic vocabulary of Altaic Languages

4. 연구내용 및 방법

4.1. 연구내용

본 연구는 다음과 같은 과정으로 진행되었다.

① 남북한과 중국조선어에서 기초어휘 선정원칙과 범위를 확정하고 구체적인 어휘들을 선정한다.

② 어원분석을 하고 국제음성기호로 전사한다.

③ 중국의 기타 언어들에서 이해할 수 있도록 중국어(漢語)로 간단히 번역을 한다.

④ 전사한 자료들을 엑셀 프로그램을 이용하여 데이터베이스화한다.

4.2. 자료 조사 및 조사 방법

본 연구는 기존의 문헌자료를 기초로 현지답사를 통해 검토하는 방법을 취하였다. 조사지역과 제보자의 선정은 다음과 같은 방식을 통해 이루어졌다.

조사지점은 일반적으로 오래된 역사를 가진 고장이며 도시와 멀리 떨어져 있고 다른 고장과 접촉이 적은 지방을 선정하는 것을 원칙으로 한다.

제보자는 일반적으로 조사지점에서 선정하게 되는데 보통 마을에 도착한 후 그곳의 책임자를 찾아 담당 관할지 내에 거주하고 있는 사람의 인적 사항을 자세히 알아본 다음, 방언보유자를 선정하여 조사하였다. 현지답사지역은 다음과 같다.

① 튀르크어(突厥語)파 (8개어) 주로 신강지구
: 위구르어(維吾爾語), 카자크어(哈薩克語), 키르키즈어(柯爾克孜語), 우즈베크어(烏玆別克語), 타타르어(塔塔爾語), 투와어(圖瓦語), 사라어(撒拉語), 서부위구어(西部裕固語)

② 몽골어(蒙古語)파 (6개어) 주로 내몽골지구
: 몽골어(蒙古語), 다월어(達斡爾語), 투주어(土族語), 보안어(保安語), 둥샹어(東鄕語), 동부위구어(東部裕固語)

③ 만-퉁구스어파(5개어) 주로 흑룡강지구
: 만주어(滿語), 시버어(錫伯語), 어윈커어(鄂溫克語), 오르촌어(鄂倫春語), 허저어(赫哲語) 등

④ 조선어
주로 길림성, 흑룡강성, 요녕성과 내몽골자치구

이 밖에도 기존의 연구 자료들을 활용할 수 있다. 각 지역에서의 자료 조사 후 마이크로소프트사의 엑셀 프로그램을 이용하여 자료의 전산화를 시도하였다.

4.3. 자료 조사자 인적사항

이름	민족	학력	가능 언어	직위	조사 언어
딩스칭	다우얼	박사	한어, 다우르어(Daur), 카자흐어(Kazak), 위그르어(Uygur), 키르기즈어(Kirgiz), 러시아어 등	중앙민족대학소수민족학원교수, 언어학및응용언어학석/박사지도교수	다우르(Daur), 카자흐(Kazak), 키르기즈(Kir-giz), 쌀라르(Salar), 투와(Tuwa), 보난어(Bonan) 조사
리티푸	위그르	박사	한어, 위그르어(Uygur), 우즈베크어(Uzbek), 영어 등	중앙민족대학위그르학부학부장, 교수, 언어학및응용언어학석/박사 지도교수	위그르(Uygur), 우즈베크어(Uzbek), 타타르(Tatar)어 조사
쫑찐원	라구	박사	한어, 유구르/위구어(Yugur/Yuku), 티베트(Tibetan/Zang)어, 영어 등	중앙민족대학소수민족학부학부장, 교수, 중국소수민족언어문학석/박사지도교수	서부유구르/위구어(Yugur/Yuku), 동부유구르/위구어(Yugur/Yuku), 토자(Tujia)어, 둥샹(Dongxiang/Tunghsiang)어 조사
오터껀	몽고르	박사	몽골어, 만주어, 시버어(Xibe/Sibo), 일어 등	중앙민족대학언어문학학부강사	몽골어, 만주어, 오로천(Oroqen/Olunchun)어, 어원키(Ewenki/Owenke)어, 시버(Xibe/Sibo)어, 허저(Hezhen/Hoche)어 조사
태평무	조선	박사	한국어, 러시아어, 일어 등	중앙민족대학 조선언어문학학부교수, 조선-한국학연구소 소장	한국어 조사
김국화	조선	박사과정	한국어, 일어, 영어 등	중앙민족대학조선언어문학학부대학원생.	한국어 전사

알타이어 계통 제언어의 기초어휘 연구

Study on the basic vocabulary of Altaic Languages

5.
알타이어 계통 언어
기초어휘 선정의 과정

5.1. 기초어휘의 개념

기초어휘란 통상 '일상 언어생활을 영위하는 데 꼭 필요하다고 판단되는 최소한의 단어 1천 개 내지 2천 개의 목록'을 가리킨다. 이 목록은 외국인을 위한 언어(L2) 교육에서 초보 단계의 외국어 학습자들을 위하여 사용되기 위한 실용적인 목적을 가지고 있는데, 용의주도한 방법을 동원하여 선정된 뒤, 일정한 분류 체계에 따라 제시되는 것이 보통이다.[1] 영어의 경우 C. K. Ogden 등이 선정한 기초 영어(The System of Basic English) 850어 같은 것이 기초어휘의 대표적인 예로서 유명하다. 신익성(1976 : 4)에서 '기초어'라고 하여 '우리가 생활해 나가는 데 있어서 이것만은 최소한도로

---

[1] 이와 유사한 개념을 가진 술어로 '기초어휘 (基礎語彙), 기본어휘(基本語彙), 기준어휘(基準語彙), 기조어휘(基調語彙), 기간어휘(基幹語彙)' 등이 있는데(窪田富男 : 141-9), 이 술어들이 사람에 따라 각기 다른 의미로 사용되고 있기 때문에 혼란이 있다. 영어의 용어로는 기초어휘(basic vocabulary), 기본어휘(fundamental vocabulary), 기간어휘(basic core vocabulary) 등이 있다. 이 중에서 '기초어휘 , 기본어휘, 기간어휘'를 구별하여, 기초어휘란 '특정 언어에서 그 중추적 부분으로서 구조적으로 존재하는 단어의 부분 집단', 기본어휘란 '어떤 목적에 따라 인위적으로 선정되며 공리성을 가진 단어의 집단', 기간어휘란 어떤 특정 집단을 대상으로 한 어휘조사에서 직접적으로 얻어지는 그 단어 집단의 골격적인 부분 집단이라고 설명하기도 한다(임지룡 1991 : 88에서 재인용).

필요하고 그 이상은 여분의 것이라고 생각해도 좋은 비교적 소수의 낱말'이라고 개념을 규정한 것이라든가, 임지룡(1991 : 89)에서 '언어생활에서 빈도수가 높고 , 분포가 넓으며, 파생이나 합성 등 이차조어의 근간이 되는 최소한의 필수어'라고 규정한 것은 모두 기초어휘의 개념에 관련된 국면들을 잘 기술하고 있는 것이다.

기초어휘를 '이것만 가지고 생활에 필요한 대부분 상황에 대처할 수 있다고 생각되는 단어들의 집합'이라고 설명한 예도 있다. 이는 외국어 학습의 초급 단계에서 그 단어들을 조합하여 필요한 의미를 표현하는 일이 가능하도록 선정한다는 하나의 이상적 상황을 상정한 개념이다. 곧 언어 학습의 초급 단계에서, 기초어휘라는 소수의 한정된 단어만을 가지고도 다양한 상황에 적용할 수 있도록 하자는 것인데, 일종의 언어적 극한 상황을 가상하고 있는 것이다. 그러므로 기초어휘의 성격 중에는 소수의 단어를 가지고 다양한 상황에서 두루 활용할 수 있어야 한다는 효율성이 포함된다. 기초어휘를 선정할 적에는 기초어휘의 이러한 성격을 감안하여야 한다.

기초어휘 목록에는 생활어휘(survival vocabulary)를 비롯해서 대인 접촉에 필요한 인사에 관한 어휘, 질문 및 응답 등 정보를 획득하기 위하여 필요한 어휘, 대화 장면에서 심리적으로 표현하기가 곤란한, 예컨대 생리상의 필요를 표현하기 위한 어휘 같은 것들이 포함되기도 한다. 이런 특징까지 감안한다면 기초어휘라는 목록은 주로 외국어(L2) 교육을 위하여 인위적으로 선정된 매우 제한된 어휘 집합이라고 볼 수 있다. 이에 더하여 기초어휘가 갖추어야 할 조건과 관련하여 자주 제시되고 있는 사항들이 있다.

田中章夫(1988 : 79)에서는 '기초어휘'의 조건을 다음과 같이 제시하고 있다.

① 그 어휘를 사용하지 않고 다른 단어를 대신 사용하는 일이 불가능하여, 이 어휘가 없으면 문장을 작성하는 일이 불가능해진다. 다른 단어를 대신 사용한다고 하더라도 오히려 그것이 더 불편해진다.

② 다른 복잡한 개념에 대해 새로운 명명이 필요한 경우, 이 단어들을 서로 조합하여

새로운 단어를 쉽게 만들 수 있다.

③ 기초어휘에 속하지 않는 단어를 설명하거나 정의하는 경우 결국에는 이 기초어휘의 범위에 들어 있는 단어들에 의지하게 된다.

④ 대부분의 단어들이 계통발생적으로 오랜 옛날부터 사용되어 오던 것이며, 앞으로도 계속 사용될 가능성이 크다.

⑤ 여러 방면의 화제에서 흔하게 사용된다.

이상의 관찰들을 종합해 볼 때, 우리는 기초어휘의 개념을 서로 다른 두 가지 시각에서 정리할 수 있다. 하나는 이 어휘목록을 머릿속 사전(mental lexicon) 이론에서 가상하는 바와 같이 두뇌 속에서 언어 운용의 핵을 이루고 있으면서 실제 세계의 체계를 반영하는 실재(實在)의 단어들로 보는 관점이다. 다른 하나는 이 목록이 효율적인 의사소통기능을 학습하기 위한 목적 하에 언어 교육 전문가들에 의해 선정된 인위적인 목록이라고 보는 관점이다. 기초어휘에 관한 이러한 두 가지 시각 중에서 어떤 것이 더 진실에 가까운 관점인지는 판단하기 어렵다.

5.2. 알타이어 기초어휘 설정 원칙과 유의점

5.2.1. 알타이어 기초어휘 설정시의 원칙

① 알타이어 기초어휘란 논리적 추리에 의한 일상생활의 기초어휘만으로 되어서는 안 된다.

② 알타이어 기초어휘란 협소한 자기 민족어에 의해 경솔히 결정해서는 안 된다.

③ 유목민족과 농경민족의 기초어휘는 상상외로 불일치한 현상이 많다. 예를 들어 농산물(파, 마늘 등), 농기구 등. 따라서 유목민족과 농경민족은 기초어휘에서 차

이가 있다. 따라서 기초어휘의 판정 기준은 문화의 차이로 인해 서로 많은 차이를 보인다는 점을 감안하여야 한다.

5.2.2. 어휘선택에 있어서 주의할 점들과 시사점

① 언어란 그 민족의 생활문화와 갈라놓을 수 없는 바, 그 민족에 있어서 익숙하고 어느 한 면이 발전하면 그 방면에 대한 어휘가 상대적으로 발전하고 구체화되며 그렇지 않은 경우에는 추상적이거나 세분되지 못하는 경우가 있게 된다. 이를테면 몽골에서는 말에 대한 단어가 많이 생기어 말의 암수를 가르지 않고 직접 암말, 숫말이 하나의 단순어로 되고 있다. 또한 물이 희소한 초원의 유목민족들은 목욕이나 씻는다는 단어는 거의 없거나 제한적이며, 우리와 같이 빨래를 할 때 비누를 칠하여 때를 지우고 물에 <헹군다>는 <헹구다>라는 상상도 못할 어휘인 것이다.

② 유목민들은 한 끼를 먹으면 다음 끼를 기대할 수 없다. 따라서 어떻게 밥이 남아서 <쉬다>는 말이 있고 <메스껍다>는 말이 있겠는가? 있으면 한 번에 함께 삶아 먹거나 끓여 먹는데 어떻게 <삶아 먹고> <쪄먹고> 하는 구별이 있겠는가?

또한 초원에 무슨 과일이 있어서 <따> 먹겠는가? 그러니 <따다>라는 단어도 없다.

③ 우리말에서는 단순어이지만 다른 언어에 단순어가 아니고 우리가 꼭 올려야 할 경우에는 다른 언어에서 합성어로 대체하기도 했다.

④ 어휘조사 시 여러 가지 사전과 자료를 가지고 하나하나 검사하고 확인하였으나, 마지막까지 해결하지 못한 것은 버리고 새로운 것을 선택하였다.

⑤ 경우에 따라 지금은 고유어에 속하지만 보다 깊이 파고들면 차용어일 가능성이 있는 것도 일단 고유어에 넣고 고찰했다.

⑥ 공동기초어휘라는 것은 단순히 논리적 추리에 의해 당연히 있으리라 하고 낱말로 잡는 것은 주관적일 수 있다. 같은 동북에 사는 민족이라도 만족과 오르촌족, 어원커족과 몽고족들의 문화가 다르다. 초원에는 유목민족의 생활환경에 맞는 어

휘들이 있기는 하지만 물이 없는 곳에 가서 <내>를 찾거나 <섬>, <호수>, <강>을 찾을 수 없으며, 초원에 가서 <사과>나 <배>나 <과일>을 딸 수가 없다.

⑦ 20개의 언어 중 어두 자음이나 모음, 또는 가운데 음이 같거나 비슷한 비례가 상상 외로 많은 바, 이것은 향후 우리가 공동 어휘를 찾거나 어휘장을 찾는 데 도움이 될 수 있을 것이다.

⑧ 조사 자료를 통해 알타이어족 제 언어 낱말들의 공동 형태소에 관한 횡적 연구 (阿尔泰语系诸语言共同词素横向研究)가 가능하다.

5.3. 알타이어 기초어휘 조사 목록

기초어휘 조사 목록 (20개 언어 총 500항)

번호	분류	어휘 수	번호	분류	어휘 수
1	신체	45	8	동물 · 식물	26
2	친족 · 사람	16	9	수량	27
3	천문	12	10	대명사	13
4	자연, 지역	24	11	동사	173
5	의 · 식 · 주 · 생활	48	12	형용사	77
6	공간	14	13	부사	5
7	시간	10	14	기타	10

1. 신체용어 45항

갖, 가락, 가슴, 귀, 깃, 꼬리, 낯, 눈, 다리, 등, 땀, 똥, 머리, 목, 몸, 무릎, 발, 배, 뼈, 뿔, 살, 손, 손톱, 쓸개, 어깨, 엉덩이, 오줌, 염통, 이(齒), 입, 이마, 젖, 주먹,

침, 코, 콩팥, 키, 턱, 털, 트림, 피, 허리, 허파, 혀, 힘

2. 친족·사람 16항

나그네, 누이, 딸, 사위, 아기, 아내, 아들, 아비, 아우, 아이, 아저씨, 어미, 언니, 오빠, 젊은이, 조카

3. 천문 12항

구름, 눈, 달, 별, 비, 빛, 서리, 안개, 얼음, 이슬, 하늘, 해

4. 자연·지역 24항

고을, 구리, 길, 나라, 납, 누리, 돌, 둑, 들, 땅, 마을, 먼지, 모래, 뫼, 물, 바다, 바위, 불, 섬, 쇠, 숲, 우물, 재, 흙

5. 의·식·주·생활 48항

가시, 가위, 가지, 값, 꿈, 거울, 고기(魚), 고기(肉), 고삐, 국, 그릇, 글, 기름, 꿀, 나이, 낫, 노래, 돈, 띠, 못, 바늘, 바지, 밥, 밭, 애, 부엌, 빗, 삯, 소금, 솜, 솥, 수레, 술, 실, 싹, 옷, 이름, 이불, 이삭, 이웃, 자리, 주머니, 집, 천, 채찍, 칼, 풀, 활

6. 공간 14항

가(邊), 곁, 곳, 구멍, 끝, 뒤, 밖, 사이(틈), 아래, 안, 앞, 위, 쪽, 터

7. 시간 10항

가을, 겨울, 겨를, 낮, 때, 밤, 봄, 아침, 여름, 저녁

8. 동식물 26항

개, 고양이, 곰, 꽃, 나무, 날개, 사슴, 말, 모기, 뱀, 벌레, 범, 뿌리, 새, 새끼, 소, 수(雄), 씨, 알, 암(雌), 여우, 이리, 잎, 쥐, 파리, 풀(草)

9. 수량 27항

하나, 둘, 셋, 넷, 다섯, 여섯, 일곱, 여덟, 아홉, 열, 스물, 서른, 마흔, 쉰, 예순, 일흔, 여든, 아흔, 온, 즈믄, 다음(次), 마지막, 가지, 날(日), 몫, 무게, 처음

10. 대명사 13항

그, 나, 남, 너, 누구, 몇, 무엇, 언제, 어디, 왜, 우리, 이, 저,

11. 동사 173항

가다, 가르다, 가지다, 갈다, 감다, 갚다, 건너다, 걷다, 걸다, 곪다, 굶다, 굽다, 그리다, 긋다, 긁다, 기다, 기다리다, 기울다, 깁다, 까다, 깎다(剪), 깎다(削), 깨다, 꺾다, 꽂다, 끄다, 끌다, 끊다, 끓다, 나다, 날다, 남다, 낫다(癒), 내리다, 넣다, 녹다, 놀다, 놀라다, 누다, 누르다, 눕다, 늘다, 달리다, 닦다, 닫다, 닮다, 담다, 더불다, 던지다, 덜다, 덮다, 돋다, 돌다, 돕다, 되다, 두다, 듣다, 들다(入), 들다(擧), 따르다(隨), 따르

다(注), 때리다, 떨다, 뛰다, 뜨다, 띠다, 타다, 마르다, 마시다, 마치다, 막다, 만들다, 만지다, 맞다, 맡다, 매다, 먹다, 메다, 모으다, 묻다, 물다, 묶다, 밀다, 바꾸다, 받다, 배다, 뱉다, 버리다, 벗다, 베다, 보다, 볶다, 붇다, 불다, 붓다, 붙다, 비다, 빨다, 사다, 사르다, 살다, 삶다, 삼키다, 섞다, 새기다, 서다, 세다, 숨다, 쉬다, 신다, 심다, 싸우다, 쌓다, 썩다, 썰다, 쏘다, 쓰다, 씹다, 씻다, 아물다, 앉다, 알다, 앓다, 앗다, 얻다, 얼다, 열다, 오다, 오르다, 옮다, 울다, 웃다, 이기다, 이르다, 익다, 잃다, 입다, 잇다, 잊다, 자다, 자라다, 잠기다, 잡다, 절다(跛), 절다(醃), 젖다, 주다, 죽다, 줍다, 지나다, 지다, 지다, 짜다, 찌르다, 찢다, 차다, 참다, 찾다, 추다, 캐다, 켜다, 켜다, 타다(燒), 타다(乘), 파다, 팔다, 풀다, 피다, 하다, 핥다, 헐다, 흔들다, 흩다

12. 형용사 77항

가깝다, 가늘다, 가렵다, 같다, 거칠다, 걸다, 검다, 게으르다, 고맙다, 곧다, 괴롭다, 귀엽다, 굳다, 굽다, 그르다, 그립다, 기쁘다, 길다, 깊다, 깨끗하다, 낡다, 낮다, 넓다, 높다, 누르다, 느리다, 늦다, 다르다, 달다, 덥다, 더럽다, 두렵다, 두껍다, 둥글다, 많다, 맑다, 맵다, 멀다, 무디다, 무르다, 묽다, 바르다, 밝다, 붉다, 배다, 빠르다, 비다, 설다, 세다, 싫다, 싸다, 쓰다, 시들다, 아득하다, 아프다, 어둡다, 어리다(幼), 어리다(暈), 없다, 옅다, 엷다, 예쁘다, 옳다, 외다, 이르다, 있다, 작다, 좁다, 좋다, 짙다, 짜다, 짧다, 차다, 춥다, 크다, 푸르다, 희다

13. 부사 5항

갑자기, 마침, 아주, 일부러, 잘

14. 기타 10항

가루, 꿀, 나이, 내(烟), 뜻, 말, 맛, 소리, 버릇, 일

5.4. 알타이어 기초어휘 조사 결과(20개 언어 500개 항목)

(다음페이지 표)

阿尔泰语系20种语言基础词汇目录(500)

1. 신체(45) (身体)

序号	韩国语	韩国语 IPA 转写	语汉	突厥语族(8)								蒙古语族(6)						满通古斯语族(5)				
				维吾尔语	哈萨克语	柯尔克孜语	乌兹别克语	塔塔尔语	图瓦语	撒拉语	西部裕固语	蒙古语	土族语	东乡语	达斡尔语	保安语	东部裕固语	满语	锡伯语	赫哲语	鄂伦春语	鄂温克语
1	갗	kat	皮	post	quboq	quboq, qabzozaq	post	qoboq	xabvy, xabyk	ʔ	quzabeq	arosu	arose	arosun	ars	arosu	arosan	suqyu	soqyw	sxxa	nana	suxunʃun ta
2	가닥	ka rak	(手脚)指头	burmaq	burmaq	burmaq	burmaq	burmaq	sabar	barmaʁ	durmaq	xuruu	xurə	gurun	kimtʃi	gor	Xuruun	simxun	ymxun	tʃyumkyen	unŋakyun	umu, xir
3	가슴	ka suum	胸	mejdæ	kewde	kokyrok, toʃ	mejde	kokyrek	tooʃ	kazax	jyzek baʃ	optʃyʁ	jitʃau	sttyen	artʃuz	ept,α	xptʃyyn	tyiz	tyəz	tyəz	tyuun	tyu kən
4	귀	kwi	耳朵	qulaq	qulaq	qulaq	qulaq	qulaq	kuloq	cauloX	quloq	tʃyixi	t,yikə	tʃ'dn	tʃik	t,yiXα	tʃyicən	ʃan	san	ʃan	ʃən	ʃən
5	깃	kit	羽毛	per	qowasan	soŋar	per	mamaq	xuursun	mimilux	jyye	ʔt	t,foota	xotun	xodon	hotα	Xətən	fuxuoli	fuzal	ufutye	təptyilə	nəːr kur
6	꼬리	k'ori	尾巴	quyruq	quyruq	quyruq	dum	quyroq	kuduruk	curuX	cauzuruq	sʼl	suul	,iun	souli	,unt,yk	syyl	ikki	irki	jilki	unt,yixin	un tpoxsn
7	낯	nat	脸	jyz	dʒuz, bet	bet, dʒuz	jyz, bet	jyz, bet	arvn	jyz	jyz	nʼr	niur	nu	niodəm	nor	nyyr	tsərə	tər	tʃyira	tərə	tərəl
8	눈	nun	眼睛	koz	kaz	koz	koz	kaz	karak	goz	goz'gioz	nituʃ	nutə	nutun	nid	nestα	nutun	jasa	jas	itʃale	jeesa	iisal
9	다리	tari	腿	put	but	but	put	but	but	inuix	but'bot	xʼl	kyol	kyon	kyol	kyuol	kyol	pətyxə	pətyk	pəktyələ	ɔlkam	pətʃf yityya
10	등	tuŋ	后背	arqa	arqa	arqa	arqe	arqa	oorka	arXa	dhrca	nuruu	nurə	nurun	arkam	kapəx	nuruun	fisa	fisə	fisa	isa	isa
11	땀	t'am	汗	ter	ter	ter	ter	ter	deer	der	ter	xʼts	kynosə	kyon	ʃiram	kyolsα	kyoləsən	nei	li	ni	nŋoakyin	neeʃin
12	똥	t'oŋ	屎	poq	boq	boq	boq	boq	mrjak	boX	bəs	paus	pausə	pasun	bz	pascα	paasən	Xamu	Xam	amu	amun	amu
13	머리	mari	头	buʃ	bus	buʃ	buʃ	buʃ	buʃ	boj	baʃ	tyə'lugai	maqən	tidʒuturi	xak	thtʃuq dn	nicon	uqu	uqw	tela	tiii	tili
14	목	mok	脖子	bojun	mojan	mojun	bojin	bojən'mojən	myyn	bojin boj nə	mojən'moen	xuldʒuu	kuts	budgun	ku,xnn	qdn	kuxnn	meifon	piXα	nixum	nixamma	meifon
15	몸	mom	身体	bedem	dene	dene	bedem	ten, boj	maxamut, bot	poŋ, boj	boz	poj	pəje	pəjə	poi	ho^kα	poi	pojo	poi	poio	pəjə	pəj

16	무릎	膝蓋	mu rup	tiz	tize	tize	tiz	tize	tiz	tiz	disgek	dyz	dzz	?pt?k	utag	otsu	tualtʃig	ɛptɛk	wɛtɛk	puxi	puxw	xɔrɛx	sɛrɛn	sex
17	발	脚	pal	gjaq	gjaq	gjaq	gjaq	gjaq	gjaq	daman	gjoɣ	azzaq	x?l	qluur	kon	kuli	khul	khxl	petyxə	petyky	pɛltiir	ilguukɣa	fatɣxa
18	배	肚子	pe	qosoq	qursoq	qursoq	qursaq	qurin	quran, qorsoq	kyrɨn	Xusaɣ	hiwiŋe	xepəli	kʧties	kiɖli	kɛli	khdʒlʤ	kʧtisʤn	xefsii	kyevel	gutuŋ	gutsge	xepəli
19	뼈	骨头	pjʌ	saŋek	ssjek	saek	syjek	syjek	saek	saek	sinix	samek	jas	kʧties	josun	jas	josax	jossun	kiraki	kiraz	kiumse	kirɑmna	kirunta
20	뿔	角	pul	buraek buraʃ	buɾ	buŋ	buŋek	buŋek	puʃmaq	bulun	dumaux	boraɪ, gooo	apʔr	wer	maxa	ewe	jas	eper	uixo	vix	kiumse	iiko	iiki
21	살	(皮肤)肉	sal	gaʃ	et	et	et	gaʃ=et	et=it	et	et	eht=jeht	mox	wer	mia	eber; wer	mɔʃa	maʔʔam	juli	jeli	ultzo	ub	ultu
22	손	手	son	qol	qol	qol	qol	qol	qol	xol	el	aley	kar	qur	qa	gari	xar	qur	gala	gal	naala	xaala	nala
23	손톱	(手脚)指甲	tʰop	tirnoq	tarnoq	tɛrnoq	timoq	tarnoq	tɛrnaq	dvrkak	damaX	daŋaq	ximusu	,imusun	qa	kimtʃi	kyimt, yi	t,yimuse	xityaxum	ky'tyx un	naala	uʃikytya	uʃi tytya
24	쓸개	胆	sulk ke	ʃt	øt	øt	øt	øt	ot	ot	od	ɔtʔjat	sʔs	suultʃi	jɔrsun	ʃultʃax	selsɔx	sosun	siki	,ilx	ʃilxe	ʃiile	ʃiilte
25	어깨	肩膀	ak'e	myre	jʃeʃ	myry, jin	jilke, myri	jjiteq	egin	juare	jiyan	mɔr	taalii	tulen	mur	taali	mere	meiran	mirin	mirin	mirine	miir
26	엉덩이	臀(屁股)	aŋ taŋi	qoŋ	qoŋ	qol	beʃqh	beʃqh	quran	ondoX	ɑonsar	pʔkse	guntʃo ss	pʔo	bogor	pocor	pə ksengaːr gor	ura	ɑ	ara	amma	ɑɑr
27	오줌	尿	ots um	syjdyk	sidik	sijdik	sijdik	syjdyk =sijdhk	sidik	sydyk =siituux	sodak	ʃikessul	,eesg	ʃesun	ʃiissn	mapl	mdlii	pskin	teʃ tyal	teʃkin	xgji	mekeela	mdkil
28	염통	心脏	jam tʰoŋ	jyrek	ωyrek	ωyrek	jyrek	jyrek	emek, 'jorek	jirix	emix	tʃʔrx	tʃirke	ʃte	dzurgu	tʃirks	tʃyrken	sikye	,iky	t,yikye	meekun	meeka
29	이	牙	i	ʃf	tis	tiʃ	tiʃfi	diʃ	des	tij	oas	ʃimuʃ	te	tʃe	jid	rtce	ʃsten	weixe	vix	iitytye	ikytye	ixtyle
30	입	嘴	ip	esiz	awaz	az	asiz	awaz	dhs, demsey	zi	buruxu	ɑmɑ	ɑma	ami	rtce	amɑ	amum	ɑɑɑ	ɑ	amma	amɑ	ɑmɛ
31	이마	额	ima (nima)	mɑlkij	mɑdaj	mɑdaj	mɑdaj	mɑdaj	ulan	mezi	menai	manlou	monlou	maapl	Gulpe	mdlii	teʃkin	xgji	mekeela	murka
32	젖	乳奶	tsst	emjek	emjek	emek	empk	impek	jemey'emey	emix	s'	sun	mek	sumpomo	nitz	zitu	sun	mene	ukɣun	uxu
33	주먹	拳头	tsu mʌk	muʃt	muʃt	muʃ 'muʃtum	muʃt	jizzoq' boruruŋ	uzuruŋ	jusurdux	niturka	tʃui	nɑitz	bubog	mek	netsrG	nuturaa	muturca	kulakye	nurka
34	침	口水	tsʰim	ʃ l	silekej	ʃilekej	ʃylegej =ʃlegej	jizzeʃ'	kɑaiɣe =kɑazy/egej	kay	kɑaiɣe	ʃitutsuʃ	,ulko	muusun	sunhu	kyt,yi	kyɑatʃe	sileski	,ilix	tʃyje	ʃilisaz

				burun	muran	murun	burun	burun‘ murun	xaoj	xooj	xumur	ɢanpəreq	puma	ɢanpəreq	xumur	qtʃper	quwa	xumer	hor	xawur	ovur	oforo	ovur	neeetʃyi	æɣtɣkæræ	oforo
35	코	kʰo	鼻子	bœrek	bɔŋrok	bɔŋrok	bœrek	byjrek‘ byrek	byyrok	bot, masmut	pulkərə	boyrex	peyar	pulkərə	pooro	poro	basart	poro	pyyre	posχχo	posχw	posχw	potʃoxtyo	pərsækyt yɔʔ	pœsæ tɣtɣə
36	콩팥	kʰoŋ pʰat	肾	boj	boj	boj	boj	boj	bot, masmut	pɔj	pɔj	pɑr, boj	boz	pɔj	pɥje	pɜjə	bɜj	hoʔɔr	pɜj	pɜj	pɜjə	pɜj	pɜtɜ	pɜjə	pɜj
37	키	kʰi	个子	jijek	eik	jijek	inpek	inpek	dyk	waaak	ærə’	jɑŋɑʒ	pɑr, boj	ærə’	xæuæsæ	χɑpɑ	ɑrɯ	mɑnt, yi	xɯs	funjʒxɜ	sɜntɣɜ xɜ	sɜtɣɣkɣ	sɜtʃkɣintʃ ɣk	idɑkɣtɣɑ	sɜɜkɣi tɣɑ
38	틱	tʰak	下巴	ωyn	ωyn	ωyn	juŋ	juŋjun	dyk	oaak	utsuʔ	jɑŋɑʒ, xabazi	jɑŋɑʒ	utsuʔ	xæuæsæ	uzun	xɯs	suː	xus	xus	funjʒxɜ	xɜ	yxtɣɜ	idɑkɣtɣɑ	izɑtɣ tɣɑ
39	털	tʰal	毛	kœkirik	kœkirik	kœkirik	kikirik	kikirek	gegirik	eges	xoxərə	egəs	kɣəkɣə	egəs	kɣɜkɣɜ ɑɜ	xoxərə	kagerle	ɑɑkə	kɣəkɣərlɜ	kɣɜkɣɜr	kɣɜkɣɜ ɑɜ	ʃ.ir	kɣɜkɣɜr	kɣɜkɣɜrə	yɣex yɣex
40	트림	tʰu rim	(打)嗝	qun	qun	qun	xun	qun	xɯn	egən	tʃyisu	ɢɑn	ɢɑn	tʃyisu	tʃyise	tʃyisə	tʃos	t, yisɔt	t, yisə	ʃɜɜtʃɣitʃɣi	sɜgi	ʃɜɜtʃɣitʃɣi	ʃɜɜtʃɣitʃɣi	sɜɜkɜs	sɜɜkɜs
41	피	pʰi	血	bel	bel	bel	bel	bel~bil	bel	ɢɑn	niruku	bel	bel	niruku	nurɢ	tʃyusun	duaran	lepa	pel	tɯrɜm	tɯrɑmɑ	tɯrɜm	tɯrmɑ	tɯrɑmɑ	tɯrum
42	허리	hari	腰	ØtɦpkØ	ØtɦpkØ	ØtɦpkØ	ØtɦpkØ	ØtɦpkØ	ØØkbe	oxeadɦxen	akuxɯj	ØtɦkbØ	del	akuxɯj	oosku	fsi	oorki	occai	ufʃxw	ufixuu	ufixuu	utʃicən	utʃicɜn	tɣɜlɜfɜ	ilɜgu
43	허파	he pʰa	肺	til	til	til	til	til	dvl	dil	xelə	del	del	xelə	kɣele	kɣeløsɜn	xeli	kyolɑ	kyɜlɜn	tɣɜlɜfɜ	ilɜgu	iliʔ	tɣi	tri	iri
44	혀	hjə	舌头	kyʃ	masder, kyʃ	masdur	masdir	masdur	gyʃ	gyʃ	xutʃi uʃ	pak	pak	lilium	kɣutʃi	kɣutɣi	xeli	cat	cat	xusun	xusun	xusun	kɣut, in	kɣutʃutʃun	xusur
45	힘	him	力气																						

46	나그네	nakune	客人	mehm œn	mejmæn	mejmæn	mehmum	qonoq	xonok	mehmum	keitʃyi mỹtʃ ertʃ yin	coonoʒ	ketʃin	trotɣɜn	ntʃuwa	trotɣɜn	aneeke	t, ot, yɔt	eetʃyin	ocenɑkyi opʃjə	ɑntyx	ocenɑkyi opʃjə	ocenɑkyi opʃjə	gjiltʃi
47	누이	nui	姐姐妹妹	hede	æpeke	æpeke	æpe	tete, apu	egiidɣe	æpe	ɑkeʃyi	czoaca	ɢɑzoaca	ʃɜtɣyyt, iɑ	cɑt, i	ʃɜtɣyyt, iɑ	ɑko	ɑtʃi	ʃetɣyi	ɑkyin	ɢun	ɑkyin	koko	exit
48	딸	tai	女儿	qiz	qæz	qpz	qiz	qpz	urux	qpz bala	utʃxin	cze	cze	ot, yin	tʃifun	ot, yin	ujin	rɑʔotɣɜ dku	ʃetʃyi	mɑoodʒi	tɯrɜm	mɑoodʒi	kɜpoun	uso
49	사위	sawi	女婿	kyjɔк ul	kyjewul	kyjɑθbɑlɑ	kijaw oxil	kyjew~kyjew	gyidɜe	cɜz, amo	xurkxen	gufu	ɢuzdɜe	kyuan	kyurke en	kyuan	xurgun	kyurk ɑr	hkon	xɔtɣiwu	Xotɣiʒon xun	Xotɣiʒon xun	kyureky ɜn	xur
50	아기	aki	婴儿	bola	bola	bola	bola	bola	ool	bola			mula				utʃkar					ɑt, i ku run	ɑt, i ku tʃui	kyɜɜky ɜn
51	아내	ane	媳妇	kelin	kelin	kelin	kelin	kel’n =kil’n	kelin	jengu, kine	pəri	jengu, kine	kelan	piəri	peere	piəri	bari	verə	hkon	utʃ ʃun	urun	urunp sarkan	kyɜʃeky ɜn	urul
52	아들	atul	儿子	osul	uл	uл	ul	ul	ool	orao, ovu	xuxur	oyul	oyul	kyewon	kyum	kyewon	nox kauk	kyuz	piire	utɣ	ʃun	ʒɑxɜɜ dʃi	osi	ɑtʃeŋ kikykyi

53	아비	api	爸爸	ata	ata	ata	ata	ata	atɑ	atɑ	atɑ	atɑ	abɑ	abɑ	auaoy	ata, et'j	ate, dede		apo	atʃa	ame	ami, apa	amin	ame
54	아우	au	弟弟(弟3)	ini	ini	ini	ini	ini	ini	ini	ini	ini	ini	ini	duŋma	ini	ini		tsu	tyy	tu	nəu	nəkyun	nexux
55	아이	ai	孩子	bola	bala	bala	bala	bala	bala	bola	bala	bula	bula	bula	ool	qar	bule	joadʒi	tsu	mela	adʒi gurun	unul	kyookyam xitya	xitya
56	아저씨	atso çi	叔叔	taɑsɑ	kiʃi əcke	taɑsa	dʒigit bozoj	kiʃɑme ətij, abzɑj	kiʃɑme ətij, abzɑj	bɑiɑiɑsa	jəldəsi'juldus	juldus	emeki	kooka	kooka	kyasoxat	kauka		seu	etʃye	etʃye	etʃye	eʃyekye	xitya
57	아미(어미)	ami	妈妈	ana	ana	ene	ene	ana, enij	qij, ame	abɑ	jasmur	jamsar, jaŋsar	ama	ama	amo	awua	ama	ama	ani	eni	eni	snie, nme	ənin	snie
58	언니	aŋni	姐姐(姐4)	qu	aɛpɛke	eɔɔe	dʒigit, bozoj	apo, təte	apo, təte	oze	dʒəs	dʒɑs	ape	hke	hke	awax	eɔze		etʃye					
59	오빠	opa	哥哥(哥5)	aka	aɑsa	aɑsa	abɑj	abɑj	abɑj'abzɑj	gɔgɑ	ʃɑɑŋ'soŋ, dʒɑɑlɑm	ɑɑɑŋɑ atʃɑ	aɑsa	aɑaŋ kooko	kake	aaŋkaka	aka		kake	ake	ake	akyin		oxi
60	젊은이	tsəl mumi	小伙子	dʒigit, bozoj	dʒigit	dʒigit	jigit	jigit	jikuɬts ri	aɑsa	jiɣit	jijit	jiɣit	tʃaluu	tʃalao	tpalao	dʒolo:ki, xax	tzzxe kyux	tʃaluu	oʃoxtye	oʃoxtye	urkyeky sn	sukar
61	조카	tso kʰa	侄子	ɔɛɑ	ɔjjen	ɔjjen	ɔjjen	ɔjjen	atʃji	dzjxzzi	hodzij oyɑl, jiyen	dzjxzzi	ɔɛn	tɑlaxi tpui	seu	hatpy'	dʒyy:	seu	cpiin kyyykyen	xityɔrin	tzyj	nexɔx

3. 천문(12) (天文)

62	구름	ku rum	云彩	bulut	bult	bulat	bulut	bulut	bulat	bulut	bulat	bulut	bulut	ulɑ	olian	aulɛm	ulɑx	ulɑ	pulɛt	tyuxsw	tyuksu	tyuɣsu
63	눈	nun	雪	qar	qar	qar	qar	qar	tʃyasu	xar	qar	qar	qar	foti	tʃyasun	tʃas	t,yɔsɔx	t,yasse	tʃasen	nimagi	imana	imono
64	달	tal	月亮	qj	qj	qj	gj	gj	gj	gj	qj, gjaɑŋ	qj	qj	sara	sara	samel	sara	sara	sara	pija	pia	pid
65	별	pjal	星星	juldaz	juldaz	waldaz	waldaz	julduz	aste	odun	juldus	jeldəsi'juldus	ɔɑɑʃkyn	xotu	xotu	xod	footi	?ʔhyia		pizin	pɔxyjoʃji	nayumunca
66	비	pi	雨	jamsaar	waambar	waam, waamsar	jamsaar, jaŋsar	jamsar' jaŋsar	manan	bur	joymar	manan	bur	qluŋ	buur	xuar	pɑiʃ	quŋ	xura	utur	tyigts	tyigte
67	빛	pit	光	nur	nur	nur	nur	nur	manan	gerel	dzas	gerel	kiəsən	kereel	kiəsən	ilɑm	kɔkɑx	gerel	kerel	keskin	ilaun	ilaun
68	서리	sari	霜	qiro	qerew	qaroɑ, buboq	qaroɑ, buboq	qirow	jikuɬts ri	xyra	ʃuɑŋ'soŋ, dʒɑɑlɑm	ʃaŋ, kattu	xyra	tʃyrsu	tʃyrsu	tʃauduk	vat	tʃaɑsm	sajixss	ikysun	soa wux
69	안개	anke	雾	tuman	tuman	tuman	tuman	tuman	manan	tuman, bus	manan	duman	manan	monoŋ	tyuman	monan	mokye	min, su	manan	tyalmun	tyamna	tyam narmunca
70	얼음	arum	冰	muz	muz	muz	muz	muz	muz	doʃ	bez	muz	mʔsuʃ	molse	mensun	manon	min, su	massen	omoʃyʃjvo	umukysu	dʒukyu
71	이슬	isul	露水	ʃebnem	ʃəq	jydyrym, əq	jebnem	ʃəq	ʃik'təri	ʃalxŋ	husue	,xʔ su	ʃik'təri		tanker	osmum	siwa	suidhur	jiləski	jilsse	elsykyu
72	하늘	han ul	天	kok	kok	kok	pelak	kok	tyəkri	deedis	deŋer	osman	tyəkri	osman	osman	taŋar	osmun	tyeəker	qpkya	puka	qpdk czapek

4. 자연지역(24) (自然地域)

				kyn	kyn	kyn	kyn	kyn	kyn	kyn	gun	kun	kyn	gun	nara	nara	naruŋ	naga	nura	nar	narun	narun	tun	sun	ʃiguz	Xətyon	tilutʃya ʃiwən	ʃiwun xətyeː
73	해	he	大陽																									ʃiwun xətyeː
74	고을	koŋul	邑	ʃahar, qala	ʃar	mis	ʃeher	ʃeher	ʃeher, qala	kodu	geʃoŋ	tʃeŋ	xərtya	patzar	patza	patza	xotun	nura	Xotyo	Xotyon	Xotyon	Xotyon	kyutyun	xətyeː
75	구리	kuri	銅	mes	mis	mis	mis	boŋar	ɯes	tiʃ	tʃɛs	xuntyun	tzəsəm	pocor	mor	gauli	tʃas	kiowan psirin	colin	tyoʃon	foxtyo	kijin	kəⁱli
76	길	kil	路	ool	jol	jol	jol	jol	oruk	jol	guo	tʃam	mo	mor	targul	moor	tʃucan	tyoXan	tʃyoʃon	ekʃtya	ye
77	나라	nara	國家	el	el	el	el'il	ulus	guoo	hus	koʃ[a	mor	gurun	kurun	kurun	kolo	kurun	kurun
78	낢	nap	鉛	qorsaʃun	qorsoʃun	qorsoʃoŋn	en	xarkolosm	bitie, en	tyicaa ntyum sr	xocoolt, in
79	누리	nuri	世界	dunja	dymje	dynyjo ʼdyjnoi	dunja ʼdyjnja	orʃulaŋ	dumia	jirtyint ʃyuʃ	dʒulan tʃatʃin	tuna	jertyentʃi	tʃyal an tʃet tyesn
80	돌	tol	石	taʃ	tas	taʃ	taf	daʃ	daʃi	tʃolox	tu, i	talc	tʃyolox	tqulan tʃatʃen	tʃolu	tʃolo
81	둑	tuk	堤	tuscan	toscan	tosco	toscan	toskam, busca	bo	tale	talamʃk ultun	Esaːŋ kilcx	talc	talan	talan
82	두울	tuul	田野	tala	dala	talcc	dele	ɯjdʃym, een	dala	xokoro	Xacʃi	jowaini cacra	tuli	usin tyala	u, in	uʃin	tyarkun kowsr	tya rikcr
83	땅	taŋ	土地	jer	ɯer	ɯer	jer	ɯerʼjer	jer, jure	katʃar	cacra	godʃar	cat, yir	cacʃar	na	na	na	naʃyur	naŋ pok
84	마을	ma uł	村子	kent	kent	gol	kent	awl	aʃol	dhsar	gil	cat, ʃar	ail	kaʃ anntyo kyso	tyoxsw joxon	katʃ yonyuriex
85	먼지	me ntsi	生	aŋ,	aŋ,	aŋ	aŋ,	aŋ	doz	doz	tyokusu	srzi	tʃox	ntu	ntu	tyoron	tyos	tyosipure ski	gil	tyo orel
86	모래	more	沙子	qum	qum	qum	qum	qum	toosun	elessn	qum	trntyu	Xumcg	ʃiltcr	Xumcg	Xumcg	joccan	tyos	jorun	tyosun uurki	ica
87	뫼	mo	山	tas	tow	tcx	taw	dawx	daŋ	tow	ʃiltcr	ula	oul	oed	din	Elin	ur	ur	urk	urkyen
88	믈	mu	水	su	suw	sur	su	su	suw	su	su	usu	usu	os	su	ghusun	mukyu	mukyu	muu	an	mukyu
89	바다	pata	海	dengiz	ɯcrtas	ɯcsqu	dengiz	dalcg	dulcg	xg	talci	tulii	xainʃukia xu	so	talci	mukyu	muu	muu	muu	matc
90	바위	pawi	岩	qjia	ɯcrtas	cɯscu	qeia	kaja	caje	caje	cacra	catta	cata	pyalcx	cata	wcxsn	tulcg	ica	rijtale

5. 의식주생활(48) (衣食住生活)

No.	한국어	로마자	漢字	대응형 (좌→우)
91	불	pu(l)	火	ot / ot / ot / ot / ot / ot / ot / ot / kal / qur / qan / gal / xel·hal / gul·aral / tyuwa / tyua / tyaeŋ / tyaeŋ / tyua
92	섬	səm	島	aral / aral / aral / aral / aral / aral / aral / aral / rɑɑl / rɑɑl / jɑnt·yɑm / jɑnt·yo·arɑl / tyun / tyun / surkyi / sel / sele / sele
93	쇠	sø	鐵	təmyr / temir / temir / temir / temir / temir / dimur / demer / thɑdmɑr / themdɑr / sel / sel / sel / sel / ʃikej porɣɑː / ʃiji / sele
94	숲	sup	樹林(수)	ormɑn / ormɑn / ormɑn / ormɑn / ormɑn / ormɑn / xoj / ɑrsɑ·ɑrɣx / ʃikui / tʰɑmdɑr / putɣɑn / putɣɑn / təji / kyutir
95	우물	umul	井	qudaq / qudaq / qudaq / quɖɑ·quɖuq / zij / ɯin / kuduk / xuttuk / rtzən / χɑɑl / xut·yin / qyut·ɣin / xotyin / kyutir
96	재	tse	灰	kyl / kyl / kyl / kyl / kuli / kul / xuɾnɑsɯ / funissun / sɑx / fulɑski / filiz / fulɑptye / uləpty uləpty tyəɕ
97	흙	huuk	土	tuprɑq / topɑrɑq / toparɑq / tufrɑq / duborɑq / tɑrɑχ / duɾvɑq / ʃirɑi / bolɑq / poiχon / poiχon / pioχon / ʃirɑŋtyɑː / tyukyɑlɑ / poiχon
98	가지	kaɕi	剪刀(名)	tiken / tiken / tiken / tiken / ten / tigen / tigen / uɯrkɑsɯ / rkoossɯ / ʃɑssɯ / ɑdɯkɑr·urgis / ɑkɑsɯ / orkoɑssɑm / huqyɑ / huqyɑ / kyɑi pulɑ / urumu / swɑ
99	가위	kawi	剪子	qgɑtʃ / qgɑtʃ / qgitʃɑ / qɑiɕɑ / kɑjtwoɣ / qejɑi·qɑjɑi / zenzi / Xɑtʃ·yi / Xɑit·yi / qyuitʃ / kɑitʃi / xɑitʃyi / XɑsɑXɑ / XɑsX / Xɑsɑ / kyɑiitʃyi / XeeJi
100	가지	katsi	枝(树)	putɣoq / butoq / butoq / butoq / busduk / tiozi·jɑbɑ / budɑX / roulɣɑ / sɑlɑ / gɑsu / sɑlɑɑ / ɑurɑɑn / ɑurɑɑn / kɑrkɑn / kɑru / kɑru
101	값	kap	价钱	buhɑ / bɑsɑ / bɑː / bɑq / bgɑʼbɑhɑ / sodɣy / jɑmɑX / ɑrte / tʃəkuɾt / tʃutsɑn / xudɑː / mem / une / Xutɑ / Xutɑ / Xutɑ / kyutɑ / Xɑrɑ
102	꿈	kium	梦	tyf / tys / tyf / tyf / dyf / dɑl / tiʃ / tij / tʃutsən / tɾoodʃin / dʒɑud / tʃɑdɑx / tʃyytən / tyolʃin / tyʼtxun / tyolkin / tyoolʃin
103	거울	ko tul	镜子	ejnek / qinɑ / qjnek / qjne / kyɑgymɑyk / uinpɑr / guzgu / tyɑli / ɑl / tʃintz / nɑmtʃi / tyoolɑ / dilɑx / puluk·yw / pulkyu / pilikyu
104	고기	koki	鱼	beliq / bɑlɑq / bɑlɑq / bɑlɑq / bɑhk / jyr / buluX / tʃikɑsu / ɑl / tʃocɑsən / tʃɑcɑsən / tʃilɑɑsɑr / bulku / dɣɑns / tʃilɑɑ sɑr / mɑXɑ / nimɑXɑ / nimoXɑ
105	고기	koki	肉	et / et / et / et / et / guhs·jɑy·eht / et / mixɑ / mɑxɑ / miɑ / mem / dʒɑud / tʃocɑsən / miog / mesɑ / mosɑ / imɑxɑ / imɑxɑ
106	고삐	kopi	缰绳	tʃulw ur / tʃəlbɑr / tʃɑlbɑr / tʃilwir / tvn·tvmy / dʒəvɑr / tɑlɑr / tʃyəipu kurɑʃil əkɑ / rɑmtɑ / tʃiɑmɑn / dilɑx / ɑymɑn·ɑxɑyɑ / tʃɑnvɑn / tɾɑkɑŋ jɑrvɑn
107	국	kuk	汤	ʃorpɑ / sorpɑ / ʃorpo / ʃorwɑ / mym / men / et su / rulis / kyuɑ / sums / dilɑx / ʃelen / ʃile / porxən / sile / ʃile / sile
108	그릇	kuu rut	器皿(食具)	qqɑ / ɑdɑs / qqɑ·idij / sɑwɑt / sɑwɑt / sɑbɑ / vɑɑs·elɯmɯtoɑ / niəməsun / sɑwɑɑ / nismessun / tigi / tʃɑ·i / sɑwɑ / tyətyun ɑcɑrɑ / tyətyun ɑcɑrɑ / tʃitu
109	글	kul	字	Xet / wɑzɑw·wɑɑ / wɑɑzɑw·qɑt / XɑtʼXet / əzyk / oʃoj / pudɑy / uʃsulk / putʃiɑ / tzɑrɑ / bitig / herɑp / ətʃək / xərxən / xərxən / kyərkən / xəkkɑr

No.	한국어	로마자	漢	maj	maj	maj	jas	maj	ys	jas	juŋ	nsełu	tyooss	tosun	tos	tyosoz	tyuusen	nimeeki	nimee	imexsss	imuleyss	imitʃ tʃyi
110	기름	ki rum	油	maj	maj	maj	jas	maj	ys	jas	juŋ	nsełu	tyooss	tosun	tos	tyosoz	tyuusen	nimeeki	nimee	imexsss	imuleyss	imitʃ tʃyi
111	꿀	kul	蜂蜜	bol	bol	bol	bol	bol	bol	bol	faŋmi	pul	pul	pɯmpɯn	kior tosu	pul	pul	xipsu	ylia	sɯrcɯsтim	tʃukukɰt ryl	ETʃyŋ ɕwij
112	나이	nai	岁数	juʃ	dʒɯs	dʒaʃ	juʃ	jeʃ	dʒaʃ	jaʃ	jas	nasu	nasɯ	nasun	nas	nasox	nas	sɯ	sɯ	su	nasu	paa
113	낫	nat	镰刀	osoɯ	oɾoq	osoq	oroq	oroq	xadyr	oreX	oɾyoq	xattukur	xattukur	gatu	xoduɯr	gatɯr	gattuur	Xatutifun	Xatutuwxun	Xatitfun	kyatiwun	xattuur
114	노래	nore	歌	kyj	kyj	ky:	kyj	kyj	vr gas	eyiŋ	menek	xatakasu	gattaso	gattasun	dau	gasoX	gattasen	Xatan	Xataʃ	Xataŋ	tyipkyesun	tyiky kyesu
115	돈	ton	钱	pul	pul	pul	pul	pul	tenge	heli	menek	tʃekusŋmiXkuʃ	seer	pɰsi	dʒjgʊ	sɛr	menek	t,iXa	t,iXa	tʃixa	tʃika	tʃika ŋmukur
116	띠	ti	腰带	pota	belbew	pota, belbox	pota	botʼa pota	bɛs sur	balkoX	qur	tʼyɛlsi	fuj aas ur		bɛs	tzE	Xuutak	Xaptya Xa	nyms un	xɯ	ɛrkyinpakyur	ɛkyk yiŋaкyur
117	못	mot	钉子	miX	ʃege	moq	qodoq	qudoq	xodax	cadoX	dirzi	xatakasu	gattaso	gattasun	tibkaзs	gasoX	gattasen	Xataʃ	Xataŋ	ikyinfiokyar	tʃ,eekt,yə	xoom
118	바늘	pa nul	针	jiŋme	jiŋe	jine	jine	jine	jine	jiŋne	jiŋpe	tʃekuʃuʃ	tʃuu	tʃun	dʒuɯ	tʃu	tʃyyn	ulme	uno	eme	imme	imme
119	바지	pa tsi	裤子	qazan daq	qazand əe	qazand əq	qazand əe	bɛqbuh	bəqbah	ʔmuʃuʃ	ym	?muʃuʃ	tzookxo	tzowoŋ hutz	gulpzgar	tyopk yə	tzou Xuə	nor	esə	tyɛkep tyun	xə
120	밥	pap	饭	tumaq	tumaq	tumoq	tumaq	tamaq	oʃ	dumoX	semen, əʃyəʃ	putaka	putaa	putan	boduɯr	jzmɛ	putoɯm	puta	pɛta	puta	tʃ,eekt,yə	tyari kɯr
121	밭	pat	田, 地	etiz	ataz	atɛz	paliz	qar	turɯoer, turɯlaŋ	asit	guen, emgek	tʃyalic	tyaroa	tʃuanfia	turie	tʃɔetʃi	tyarultʃin	usin	u,in	uʃin	tʃyalin	ɟilla tytya
122	애	e	肠子	ytʃek	itʃek	itʃegi	itʃek	itʃek	səʃynde	hidʒjgə	duz	kates'	keteso	kitɯsun	xudusei gaurs	katʃisox	ketesen	tuXa	tuXa	ʃəlɯxtyə	ʃilukɯtya	ɟilla tytya
123	부엌	puek	壮	qazan daq	qazand əe	qazand əq	qazand bəq	bəqbah	bəqbah	qazandbeq		gazandbeq	tzooxxo	tzowoŋ hutz	gulpzgar	tyopk yə	nor	nor	esə	tyɛkep tyun	tʃeə
124	빗	pit	债	qerz	qerz	qerz	qerz	qerz	weeli	dʒoŋ	dlam	uʃrinjt əm	urə	ori	ur	tom	eərə	nor	esə	unsтɯ	tʃeə	xə
125	삯	sak	工钱	muuʃ	gilaq	gileq, tʃbegiŋ	ʃaʃ	gumzi	gjlyk	sarcɯe seer	guen, emgek	tʃyalic	sarcɯe seer	kuntz	tʃelin	gaduasa	kutʃyen	ttyalin	tʃyalin	kutʃi	tʃyalin	sadir
126	소금	so kum	盐	tuz	tuz	tuz	tuz	tuz	dɯs	duz	duz	tapusu	tapsɯ	tunsun	katz	tapsoX	taapsen	tovsun	tosun	tmʃtɯn	tosun	ruseəi
127	솜	som	棉花	poXta	maqta	boqto poXta	peXEʃe	mumeXʼ poXta	komy:	mumuX	mienxua	xʼpʼ:	mianxua	mianxua	kuwun	momo G	meXzua	iuXun	iuXun	kyuvun	kyuvun	xoxxox

				qazam	qazam	qazam	qazam	qazam	paʃ	qazam	das'aɦdas	qazam	tʃakʰaka	tʃuɕan	tʃʊɕan	ttʃyuɕ	tʃʌʑʌ́	tuwaɕ	tʃerken	mutʃʃon	metɣʃon	ɣkɣe	iikɣe	iixɕi
128	솥	sot	锅	qazam	qazam	qazam	qazam	qazam	paʃ	qazam	das'aɦdas	qazam	tʃakʰaka	tʃuɕan	tʃʊɕan	ttʃyuɕ	tʃʌʑʌ́	tuwaɕ	tʃerken	mutʃʃon	metɣʃon	ɣkɣe	iikɣe	iixɕi
129	수레	sure (马,牛车)	harwa	arəwe	araba	arbaʰarba	tergan	taryen	ɕazzan	ɕezye'ɕezge	tyerke	tyerke	tyetʂʌ	tyeʃtʂ	tyerken	sotʃon	sn	soʃon	tyerken	tyʃk kɕɕ
130	술	sul	酒	haraq	araq	araq	araq	araq	araysy	sorma	aɦge	aɦge	arixi	aɦɕaɕ turasas	tarasun	arɕi	rakyu	arɕi	nure	arkɣi	sosʃon	sitʃʃon	sosʃon	arakɣi	dkɣkɣi
131	실	sil	线	jip	ɕip	ɕip	jip	j'p'ɕip	ɕep	jhp	jhp	uʃyosu	ttoase	utosun	ntosoɕ	ʃilas	eʃeʃ	jirke	tyoɕ	ʃirikɣtyʃ	fɕrity tyʃ
132	싹	s̓ak	芽	biX	byʃʃik	byr	kyrtek	yndyrme	sojaa	ji	nənoar	ɲeʃeɕ	gulgu	jatʑʃt, yova	arsen	arsun	arsən	eʃeʃ
133	눗	ot	大眼	kijim	kijim	kijim	kijim	kij'm	meʃibet	beɕarɕX	kij'm	xupʃʃɣ asu	teel	tʃisn	meʃku	workal	utɣw kɣw	etyakɣu	tyetyi, tyʃgeʃʃyt ʃʃi	tyetyi	tyʃrgele
134	이름	irum	名字	ot	ot	at	ot	is'm	at	at	ot	aɕu	nere	eʃiʃɕ	nʃʃə	nʃʃ	nure	erɕ	kɕ	kɕ	kɕrpi	kɕppi
135	이불	ipul	被子	jotqan	korpe	dʒyʃyqan	korpe	yskorpe	korpe	jorsan	ber'bier	xuʃʃntʃi lə	nempu ʃɦke	kontʃiele	pʃeek ənXɕaɕlɕaɕ	pi	tʃipexun	kɕv	xulʃʃa	ulta
136	이삭	isak	穗	baʃaq	masaq	maʃaq	baʃaq	baʃaq	bazaq	bʃʃ	bʃʃq	saʃʃyak	tʃala	suitʑ	dʒilas	addaki	atakɣi	suiʑa	suixə	sux
137	이웃	iut	邻居	Xoʃna	oran	orin	Xoʃni	oran'orun	orn, orɣn	oran	oran	eɕrunjsa katol	uron	oron	oron	ord	tyimsi	atakɣi	oron	oron	oɕʃkɣʃ	otyekɣtyʃ	tʃʃgg eʃte
138	자리	tsari	座位(位子)	Xalta	qalta	Xalta	Xelta-	kalta	samol, Xab	kuyu, Xab	ukutrya	fiuta	futa	ta	kaudi	kar	ɣikuʃf ulku	fulXaɕ tyaXɕl	eʃʃtolt ɣyoo
139	주머니/너	tsu me ni	口袋	ʃilim	ωelim	ωelim, bot	ωelim, saɦɣωelim	koʃa	ωaɕi	j'y	ɕerɕpa iʃi	ɕe	jʃe	po	foluku	uluku
140	집	tsip	屋,房子	ɕj	jj	jj	ɕj	jy	ωx	ɕj	kie	poʃʃe	pos	po	pos	tʃo
141	천	ts^hən	布	bul	kezdeme	kezleme, bul	rəXt	bas	jiz	pʃs	pos	paɕ	peɕsu	pʃʃ	pooso
142	채찍	ts^hɛ tsik	鞭子	ɕamtʃʃa	ɕamtʂ	ɕamtʃʃi	ɕamtʃʃa	kymdʒy	dzɕley	ɕamdɣu	ɣyoʃfikur	mina	mela	minaa	mnaa	russixa	sussxa	tʃʃutʃya	tʃʃtʃʃyaw	fisaku
143	칼	kʰal	刀	pʃaq	boʃaq	pʃaq	piʃaq	pidʒaɕX	padʒaq	biʃek	xityuka	qtuɕao	qtatoo	loxe	suiɕa	loxe	kɣu, i	kɣutʃ
144	풀	pʰul	浆糊	ʃilim	ωelim	ωelim, bot	ʃlim' jilim	ωiim	ωaɕzi	tʃyapou	tʃʃisɕ	tʃʃisɕ	Xu	Xu	kɣutʃa	uexɕɕ
145	활	hwal	弓	ja	ɕaɕq, soɕaq	ɕaɕ	jɕi	oɕaɕ	ɕaɕ	ja	ja	nemen	nam	tankɕɕ	nemen	pʃʃi	pʃʃi	pʃʃi	pʃr	pʃr

6. 공간(14) (空間)

#	한국어	漢義																						
146	가	(河, 海, 路)边	ka	jʰoq	boɣ	ooɣ, tarup	joq	joq	oɣk	jame	juŋ, oɣk	xulpok, oŋβɣxa	t, yiree	cotqu	kaʧi	nakɣo	cotfɣar	skyt, yin	skyt, yin	ʧfapkɣosɣaxa	eʌkɣos	oggi
147	곁	側	kjet	jɑm	ɣɑm	ɑɑm, qaptol	jɑm	jɑm	kɣdɣx	jɑmh	jɑm	xaʧaku	xɑrɑɑ	qɣɑrɣɑ	oldɑm	sɣpols, oɣ		talpo	talva	oltontun	oltontun	ettɑ:
148	곳	位置, 地方/处	kot	orun	orɑn	orun	orɑn'orun	orɑn	ornɣ, orɣn	omɑ	orɑn	ɛru	uron	oron	ord	oroɑ	oroon	nu	nu	nu	nu	nu
149	구멍	窟窿	ku maŋ	toʃyk	tesik	teʃik	tɣʃ'k	teʃik	oŋgyr	tʃjux	doŋzi, telak	nuxɣo	muko	muturu	muwu	nɣsku	net unɣnuk ɣo	fonɣɣu	sɣcɣɑ	sɣcɑ	ultɣɑkɣɑ	sɣcɑul
150	끝	末尾, 结束	kut	ɣjoq	ɣjoq	ɣjoq	ɣjoq	ɣjoq	dumun	ɣjoX	bozuɣ	sɣkul	suul	jɑn	niɑlk	,ɑnt, yik	syyl	unt, sn	untɣosx sn	unt, yxin	irki	ikki
151	뒤	后边	twi	kejin	kejin	kejin	kijin	kejin	sonkur	ɑrdʒi	soŋ	ɑrɑ xɑrɣɑ	xuino	qyuinɑ	xuɑin	xuino	ɑɑruɣxo ine	ɑmɑlɑ	ɑmɑlɑ	omɣrgi	ɑmɑjlɑ	ɑmi
152	밖	外边	pak	,ɣt	ɣt	,ɣt	,ɣt'it	,ɣt	ɑɑʃɣbm	dɑʃi	dɑhs	gɑtɑmɑ	qɑtɑ	hudund	bɑd	qʰtʃd		tyɣergi	tyɣergi	tyurxi	tyulls	tyulle	tyulls
153	사이/틈	缝隙	sai/t'ʰu m	joɣuɣ	ɑɑpsɑr	ɑɑpsɑr	bɣrɣ	bɣrɣ	koʃ, ɑɑrɣk	ɑrdyɣ	jɑrɣɣ	tʃɑpsɑr	tɣɑpsɑr	ttɣwɑrɣt dɣm	dʒɣlɑg	,iZɑ		tɣɑkɣɑ njɑrɑ	tɣɑkɣɑ	tɣɑkɣɑ njɑrɑ	ttyurxi		
154	아래	下边	are	ost(i)	ost(e)	ost(e)	ost(i)	ost(e)	ɑld(ɣ)	ɣjoX	uhldɑr	tɣorrɑ	tsurɑ	doɑr	tocook	fʃfʃjis	tolo	tuurɑ	htoro	fɣtʃjirx	ɑrkilos	xorgi
155	안	里	an	i	iʃ	iʃ	i	,	,ʃ	iʃ	ʃo	tʃorturɑ	sudoro	duɑtɑr	noctd	tolo		tolo	t'rxi	sgit	toolɑ	toʃkyi
156	앞	前边	ap	ɑld(i)	ɑld(e)	ɑld(e)	ɑld(i)	ɑld(ɣ)	ɑld(ɣ)	iii	uhldɑr	ɑmuhrɑ	mieɣ→	mɣdjid	ɑmɣl	meg't hd	ɑulɑmɑ	julergi	julɣi	toolo	ʧjulilɑ	ʧjysfʃge
157	위	上边	wi	jiŋuri	joŋ	nyhooo	ɛrorɑrɑ	orɣɣrɑ	ɣry, suŋ ɣry	orɣɣrɣ	jorɑco	tɣgɑ	tɣgɑ	pɣpɣy	dɑr	jfdm	tiiree	tslɣ	jɑndɑ	tfjulilɑ	uʃle	uʃkyi
158	쪽	边沿行	tsok	,ɣt	,ɣt	,ɣt	,ɣt,it	,ɣt	ɣvr, jɣt	jɑmɑ	cɑzɑy	xitʃɑkɑr	koʃɑɑr	ttɣɑ	dʒɑtʃɑn, dʒyɣɑ	nɑkɣo nʃ icɑ	tʃocɑ	tsls	nuuu	ugits		
159	터	地基	t'ə	ul	tɑɑm	ul	nig'z	tuboɑ	sɑkuri	jiʃur	tʃitɣu	bɑnɑl	titz	tʃfitɣu		fulɛxo					

7. 시간(10) (時間)

#	한국어	漢義																						
160	가을	秋天	kaul	kyz	kyz	kyz	kyz	kɣz	gɣzɣn	guz	guz	namur	namur	t, yiut, ya	namur	toɑmer	tokɣo	polori	polor	pol	mxɣɑtuun	pelo	polorin
161	겨울	冬天	kjaul	joʃ	qɣs	qɣf	qɣf	kɣʃɣn	qɣf	ces	untɣɣɑ	rkul	ugul	dkuz	wsl	tywɣri	tyyr	tyɣg	ewɣ	tyɣrin
162	겨름	空	kje rul	boʃ	bos	boʃ, kɣndɑj boʃ	boʃ	boʃ	boʃ	boʃ	boʃ	dɣoosun	xoosun	untɣux un	un	Xosɣr	Xɣnusn	polor	polorin

No.	한국어	漢字																			
163	낫 nat	白天	kyndyz	kyndyz	kyndiz	kyndyz	kyndyz	kyndyz	kyndys	guntisi	kundus	otulɾ	uturutur	utu	udur	uter	uttur	inesgi	inex	inig	inex	iniz
164	때 te	時候	ʠas	tʃaq	ʠoj	ʠas	ʠaʃ	ʃʊɣx	vɑχ	tʃʃʊɲ	tʂuŋ	utʃʃə	uje	tʃʃiʃtua nŋtʃʠ, yi	arin	sikŋs am	ɑ	ə	ərin	ərin	ərin	əri
165	밤 pam	夜里	tyn	tyn	tyn	tyn	tyn	dyn	dyn	tun, tune	oiʃni	sɑdpʃ dʒi	suɲi	sumi	ŋule			topori	tʃvir	tʃələp	təlpə	tolpo
166	봄 pom	春天	buhar	koktem	behar	behar	koktem	ʃɑχɑ	ʃɑʃə	jaz	jaz	xɑpur	xɑvvur	tryun t, yiun	xuur	,iryko	χɑwer	nijesnij ŋe	niznier	nijesnij əri	nələkyi	nijesnij rin
167	아침 atshim	早晨	etigen	tæperteŋ	erteŋ menen	erte'irte	er tereb	kɑrodɑŋ bilen	eddisi er	dɑŋsɑr, ehrdelɑy	ɑɾɾiɾuɾk ɑpɑriyə	ɑt, yiəmɑɑ	ɑt	art	əŋə	ərtə	ərtə	ərtə	ərtə	ərtə
168	여름 jo rtum	夏天	jaz	ɑɑz	ʠɑj	ɑɑj	ɑɑs	jɑj	ji	joj	qyəhun tʃyɑ	tʃfun	jɑr	nɑdʒir	ɡer	tʃfun	hrtcekstə	tʃʃr	tʃʃrg	tʃʃrg	tʃʃuɑrin
169	저녁 tso njak	晚上	ɑχʃɑm	ɑqʃɑm	ɑqʃɑm	ɑχʃɑm	geʃe	geʃe	uriʃəj jteʃi	jiŋɑr, geoe	uʃ,ŋi	uri	orieksz	,ilaz	otsk,ʃəŋ ərsi	tʃələp	topori	t'viŋ	tolpo	təlpə	təlɑŋ

8. 동물 · 식물(26) (動植物)

No.	한국어	漢字																			
170	개 ke	狗	it	ijit	it	it	it	yt	id	əst	noxui	noxui	ŋoei	nog	nocaui	noχcui	intɑχun	jonχun	inɑkyi	zɑnɑkyin	nimixin
171	고양이 koja nji	猫	myʃyk	massoq	məʃsq	miʃiq	mys	myʃux, miʃux	mæʃ,mæŋ		noxui			kakez			mɑʃux				
172	곰 kom	熊	ejiq	gjəw	gjuz	ejiq	gjəw,gjuw	adyx	ɑtsɑχ	gəuʃuŋ	pakɑp akɑi	xɑ, in	xɑrɑ kɑrossən	pɑdpdʒid	urirkɑm	tsrmɑz	lsʃi	ləsfu	mɑfkye	styirkyen	eye kkez
173	꽃 kot	花	ɡyl	ɡyl	ɡyl	ɡyl	ɡyl	ɡyl	xioix	yɑɑyk, uiuiuigə, xuur	tryeʃyt	trnjdʒid	metpq	iχɑ	iχɑ	moo	igga	iʃɑ	ilga
174	나무 na mu	村	dereχ	ɑɑɑʃ	duroq	derreχt	jijiʃ	dal	derek	mɑru	pdʃ	mutun	mood	ɵiu	thəbuq	moo	moo	ɑeru	mer	mer
175	날개 nal ke	翅膀	qɑnɑt	qɑnɑt	qɑnɑt	qɑnɑt	zɑlsyn	cɑnɑt	qɑnut,qɑmht	Xɑnɑt	tʃcɑrrjsɑ ɑr	tʃcɑurjsɑ ɑr	tʃikuɾr	ɑʃki	spɑn	ɑsχɑ	ɑsχɑ	ɑsikyi	ɑsɑkyi	ɑsike
176	사슴 sa suum	鹿	buɑq	csuuq	buŋu	buŋu	syyn	busy	suɑyn	suyun	puku	pucɑu	huko	bowo	poo	pɑχu	moore	moorin	elbuuntb	kyumɑkyɑ	puk
177	말 mal	马	jilqu	dʒəlpə	dʒəlpə	jilqi	jilqə ʃilqu	ɑt	ɑt	ɑht,jyt	dʒiven	moore	mori	v, mori	mors	mori	morin	morin	morin
178	모기 moki	蚊子	paʃɑ	mosɑ	irkej	mɑʃɑʃpuʃɑ, irkej	,iwin	irki,irkej	ymrɑu	dʒiven	untzi	ʃomod	ʃemod	mors	moore	ʃimur	cɑlmen	cɑlmen	kɑrmɑχt yɑ	nφɑlmɑ Xtyɑ	nɑlm ɑkytyɑ
179	뱀 pem	蛇	jilan	dʒəlɑn	dʒəlɑn	dʒɑlɑn	ilɑn	dʒilɑn'dʒɑn	jilɑn	jilɑn	mɑkəi	mokui	mɑgu	mogu	mɑoei	mɑoei	mɑoei	mexə	mexə	meix	mexə
180	벌레 pol sy	虫子	qurut	qurt	qurt	qurt	qurt	kurt	cut	qurɑhoe' qurɑhoej	xurɑɑi	xuroɑi	Gʔi	xorgu	gorgi	XoroχG ui	xurɑχɑi	xomin	xulixɑ	kyuliɑky ɑn

No.	한국어	漢字	발음																				
181	범	虎	pam	jolwas	dʒolbar as	dʒolbars	jolbars	jolbars'/jolwars	pur	bas	bars'barsə	pars	pas	pasɲlou xu	tasgə	pas	pars	tyasʎa	tyasʎa	ʃejʃ mafu	tyasakyi	tyas uk
182	뿌리	根	puri	tomur	tumur	tumər	tumir	tumar	sudasyn	dumar	dumar	uʃntuʃuʃ uʃ	pinɹir hor	untusun ɳkəntz	undus	tzazya	jeles	fukxə	fukxw	tu	tyəkyen	niin tyə
183	새	鳥	sæ	quʃ	qus	quʃ	quʃ	quʃ	kuʃ	ɢauʃ	ɢas	sipaɢu	ɳpuθ	bundɹu	dəgii	peɭθr	peɭθr	tɾyətʃik yə	tɾyit ykyə	təgi	tʃji	tyˀkum
184	새끼	胎兒	seki	kɔʒik	kɔʃik	kyχyk	kyχyk	kyχyk	enik	bola	gedek	tʃultʃa ka	tʃiltʃɔɑm	tɾuntɹua	dʒuldʒig	tʃiltʃɔɑm	tʃiltʃɔɑm	təpərən	at,i	at,i		
185	소	牛	so	kala	sæjar	uj	sæjir	sæjir	inek	goliex	gus'uhgus	uχər	fukor	fukiə	xukur	vuləz	hokor	iχan	iχan	iχan	ukyur	uxur
186	수	公雄	su	erkɐk	erkɐk	erkɐk	erkɐk	erkix	er	erkix	ehrgik'/ehrgek	ərə	rə	ərə	argun	ɛrə	ere					
187	씨	種子	çi	buraq	buraq	unaq	unaq	urluq,unaq	yrasin	urlux	zar,xuxuzi	ufrə	furee	furə	xur	fɑrə	hure	usə	usə	uʃn	em	ur
188	알	卵	al	tuχum	dʒumar tqa,tuqum	dʒumurtqa,tuqum	tuχum	kɔkəj,ωumurtqa	ωumurka	jumuda	oja,bula	ɔntsəi	ntske	ɔntsəi	xur	pola	ntski	umχan	umχan	omuxan	umukyt yʎ	umu tʃtya
189	암	母雌	am	iʃi	umsqu	umsqu	iʃi,umsqi	umsqfə	jəpʃi,kvs	tʃiʃʃ	tasi	ɛj			xunig							
190	여우	狐狸	jeu	tylke	tylki	tylky	tylkyu	tylk'ˀtylke	dilgə	tylyyu	tulgə		t,	uulin noɣɢui				nioxə				
191	이리	狼	iri	bære	bæri	bæry,qurəʃqər	bæri	bærə'bæri	bæra,ookaj	burə	derdəŋ	tʃyimua	t,unɔaŋk yatum	tʃɥunɔəi	guskəz	t,yina	uulin noɣɢui	yxw	yxw	bluukyi	kujkyə	tyuu kku
192	잎	바구子	ip	jopur maq	dʒupar aq	dʒalberaq	jatfraq	jatfraq	kalby	jahroχ	lahpdʒəq	naptʃyi	lapt,yɔ	lattyen	larʃ	lapt,yɔ	saptʃək	aptaʒʎa	avχ	aptexsə	nəpuʃyi	latʃy tʃyi
193	쥐	老鼠	tswi	ɔʃqum	taʃqan	taʃqan	tiʃqan	taʃqan	gysgə	geme	siyan	xuluka na	xulɢam ɔɢ	stɹɑn	atʃiktʃan	t,yit,yiʎa	χunaɢl ɔɢ	siksəri	siksəri	ʃiəri	sənikyen	ʃiəri
194	파리	蒼蠅	pʰari	iwin	tʃəban	,ibin	,ibin	aman	seek	boʎ,oɑjin'/boʎωjin	ɢɑra dzyən	iloka	ɳmdr	ɳumbun	diargun	pusim ɟi	zɤn	tərxuwa	turvo	tʃinkyun	tilkyətty sn	kilu xœ
195	풀	草	pul	ʃəp	ʃəp	ʃəp	,øp	,øp	sigiin	,ob	oht	spəsuʃ	piesu	osun	ous	wesun	wejsɟn	okytyo	oχtyo	orokytyo	tʃyuuk ya	oχyty

9. 수량(27) (數量)

No.	한국어	漢字	발음																				
196	하나	一	hana	bir	bir	bir	bir	b'r	bir	nige	bor	migə	nukd	nid	nak	ndkd	nie	smɨ	sn	smuz	urnun	əmkyen
197	둘	二	tul	ikki	eki	eki	ikki	ek'	iʒi	igi	šigə	xæjar	quar	bu	xoir	quarƌ	cuur	ʈuwə	tu	tʃuur	tʃuur	tʃuru
198	셋	三	set	χ	yf	χ	χ	ɣ'ǫ	yf	uə	uɔ	uʃ'vɥʃ	ɣuroɑm	bumn	ɣuorb	quǵǫ	ɣuorwɑn	ilɑn	ilɑn	ilæ	ilən	ilən
199	넷	四	net	tæt	tæt	tørt	tørt	dørt	dørt	diod	diort	t'ɤrpə	teeren	durbu	durbu	teʃǫŋ	tørwen	tujin	tujin	tigiz	tijin	tujin

No.	한국어	漢字	로마자																				
200	다섯	五	ta sat	beʃ	bes	beʃ	beʃˀbiʃ	beʃ	beʃ	bes	tyapu	tyɑɑwun	tawun	tawu	thooʃuɜ	tyɑɑwen	sunta	suŋta	tyaɜ:	tyaɜa	suntʃa
201	여섯	六	jaset	alte	alte	alte	alta	aldɯ	alta	ahlda	tʃirguga	tʃirɑuun	tɯwun	dʒirgox	ʃirqox	tyɑqɑwen	niɡun	nyaɯn	niaz	niuun	niaz
202	일곱	七	ilkop	jette	dʒeti	dʒeti	dʒedikʒidi	dʒɐde	jide'jiui	jide	tɐʃuga	toloon	dolon	dolx	tohuŋ	tuloon	natan	natɐn	natan	natɐn	natan
203	여덟	八	jətal	sekkiz	segiz	segiz	seɡˀzˀsigiz	ses	sekis	soqɐs'soɢɐs	naima	naiman	naiman	naim	nimoŋ	naiman	trqqyun	trqqyun	tʃɑxɜɜ:	tʃakyun	tʃakyun
204	아홉	九	ahop	toqquz	toɡɡiz	tosɯz	tosɯz	tos	doqus	dohɡɐs	jisuʃ	tʐɐn	jdʒsun	is	nimoɳ	jdʒsun	ujun	ujin	jɜjin	jɜjin	ujun
205	열	十	jal	on	on	on	on	on	on	on	arpa	xarvan	haron	xurb	har won	harwan	tʃuun	tʃuan	tʃaɜ	tʃaɜ	tʃuan
206	스물	二十	sumul	jigirme	jigirme	dʒɐjɐrma	jigˀrme	dʒɐrbe	jiɣɐrme	jiɣɐrme	xəri	xurɐn	haron	xorin	Xorɐ	Xorɐn	orin	orin	orin	orin	arri:
207	서른	三十	sərum	ottuz	otɯz	otuz	otazˀotuz	ydʒen	odtus	hudʒɐn	kutʃyi	xutʃin	qyorun	xorin	kopar ɐ	xutʃin	ku,in	ɡɔ,in	kaʃin	kutyin	kartyi
208	마흔	四十	mahun	qiriq	qiriq	qɐrɐq	qɐrɐq	dərtən	ɡɐrɐX	diordon	t'tʃyi	tɐtʃin	st'	dutʃ	tɐɜrœ	tɐtʃin	tɐxi	tix	tɐxi	tɐkyi	texi
209	쉰	五十	ʃwin	ellik	eliw	ely:	ellˀ	beʃen	elli	beson	tyapi	tyɑjin	uˀ	tabi	tyava rœ	tyowen	susui	susui	suntʃai	tyaɜai	tyærne
210	예순	六十	jesun	atmɯʃ	atmɯʃ	altameʃ	atmɯʃ	aldan	elli on/ahmɯʃ/ahmɯs	ahldon	tʃiru	tʃirɑn	liuŋ	dʒɐr	tʃirɡo kœ	tʃiran	nintʃu	nint‚i	nintʃu	nɐkuɜni	niɜze
211	일흔	七十	ilhun	jetmiʃ	dʒetpis	dʒetmiʃ	dʒetmiʃ/jetmiʃ	dʒɐdɐn	elli jiyirme/jexmɯʃ	jidon	tala	talan	t,yit	dal	tolsrœ	talan	natɐnt,u	natɐnt,i	natantʃu	natarni	natame
212	여든	八十	jotun	seksen	seksen	seksen	seksen	sezen	elli odtus/sexsen	saqɐson'soɢɐson	naja	ngjɐm	pat'	nɐj	nimur ɐ	nɡjɐm	trɑkyu nt,u	trɑkyu nt,i	tʃakyunt ʃu	tʃakyuni	tʃaxeærœ
213	아흔	九十	ahun	toqsan	toqsan	toqson	toqsan	tosan	elli ɡɐrɐX/doχsan	dohɡɐson	jerɐ	jeren	tʃiuˀ	jar	jɐsarœ	jeren	ujuntʃu	ujintʃ,i	ujintʃu	jɜrɜn	jɜrɜx
214	온	百	on	jyz	ɯyz	ɯyz	ʒyz	ɯys	χyʃ	jyz	tʃaku	tʃɜ:	pui	dʒɑu	nt'ʃ:	tʃuu	tyɑɜku	tyaɜ	tyaɜu	nɐkɐmaatʃi	tyɐkuɜn amɐatʃi
215	즈믄	千	tsumun	miŋ	meŋ	miŋ	mˀŋ	mɯŋ	maŋ	maŋ	mikan	menxen	t, yɜm	mianɡe	tosot, ʃam	meɡɐn	mikun	mikan	mikan	mika	mekɯn
216	다음	其次/下(次)	taum	iʃkintʃi	ekinʃi/ketesi	ekinʃi	ekˀntʃi	iʃkintʃi	iɡimitʃi		taroka	xuino	qxuina	ʃaran	Xuinɐ	tyɐnsart ɐyɜ	tʃui	tɡuitɐŋ tʃuit,ɐ tɐ yi	tʃurjin	tʃuɯrkyi	tʃuɯʃi
217	마지막	最后	matsimak	ɦoɦo	ɦoɦo	ɦoɦo	daman	daman	ɡiɡoχ	bɐzɐɣ	atakɐpɐt ʃ'sɯpsɐkŋ	suultɐŋs uultɐna	parakyu utɯu	nialk	ɜkɐmɐ	aarsjintʃi iur	ɐdɯu	ɐdɯu	tyikyin amile		

			tyr	tyr	tyr	tyr	tyri	dur	dzəŋ	tɕ'iɦntɕ'r'l	sampo	tɕunluiŋ uri	katrin	Xæŋ, ɛɪɪɛ	sumpəŋ tɕərɛl	Xɑt, yiŋtu wɔli		inik	
218	가지	ka tsi	種, 类	tyr	tyr	tyr	tyr	tyri	dur	dzəŋ								inij	imik
219	남	nal	(一)天	kyn	kyn	kyn	kyn	kyn	gun	kun	səuɦr	tur	utu	udur	utəs	utur	inɛ	iniz	imij
220	뭇	moks	份儿	nusəq	nusəq	musəq	musXe	nusXe·nys Xe	fun	fan'faŋ	Xəpi	skoɯ	kutz	xobel	kyə, ik	xuur	inɛski		
221	무게	muke	重量	əwərləq	əwərləq	ɑərduq	ɑɑriliq	ɑwərləq	ɑəriɑX		xufnuf	kyuntun	kuntu	xund	kyunt yə	kyunte	utqən kyəm un	utqən kyəm un	urkə	ukkətti
222	처음	ch'ə tum	开头, 起初	desiep	bostəptu	desiep, ɑldemenen	desiep	ɑldɑ	keşi		ɑrxənty uruXku fnrpxin	tyurɔx	tyəyixui	ɑtɛx; dɑrtʃɛ	xɑnsə mɛlə	ɑdkyɑ	fükt, iŋtərip umɑtɑtə / tu təripun	ixxiŋ	ixxiŋ

10. 대명사(13) (代词)

			ol	ol	ol	ol	ol	u	gol, ol, a	tyərə	fz	bd	tar	thi	utur	tyərə	tyi	tyuri	tyuri
223	그	ku	那注8	u	o, ol, ɑnɯw	ɑl	u	ol	u	gol, ol, a	tyərə	fz	bd	tar	thi	utur	tyərə	tyi	tyuri	tyuri
224	나	na	我	men	men	men	men'nin	men	men	men	pi	pi	bi	biz	pu	utur	pi	pi	pi	pi
225	남	nam	他人	u	ol	ɑl	ol	ol	u	gol, ol, a	pusuntu x'm'n	kyu	bi	tar		xuur	wəri	kiɯ nio	uttu pəjə	onto pəjə
226	너	nə	你	sen	sen	sen	sen'sin	sen	sen	sen	tʃyi	ol	tmji	ɟz	ɟhi		si	ɟi	ɟi	ɟi
227	누구	muku	谁	kim	kim	kim	k'm	kym	kem	kem	xen	ktn	kidn	əmie, xan	khog	kyunte	wə	ni	ni	ni
228	몇	mjat	几	netʃe	nefe	netʃe	nitʃe	nefe	nexʃe	niiɔi	xəfuji	kyəte	kiətun	xəd	kyury u		utu	ʌlyp	rxɛe	rxɛe
229	무엇	muat	什么	nime	ne	emme	nime	ni, nərse	nɑŋ	nime	jɔku	jɔɑn	jɑn	jɔx	jɔz	jɔɑŋji mɑ	ɑi	ɑi	ikyum	rxɔx
230	언제	an tse	何时	qqɑn	qqəm	qqɑn	qqəm	qɑtʃɑn	xɑtʃɑŋ	ɑɑhdzɑn' xɑhdzɑn	xətʃjə	kəst, ee	kiətə	xɑdʒx	kyətʃi	kyetʃee	ɑtyɑtki gɑirin	ɑtyɑtki	uxu nerin	uxu nerin
231	어디	əti	哪儿	ne	qɑjdu, qɑj, ne	qɑjdu	ne	kɑjdu	ɑɑdɑ	ɑɑjdu, nijerde	xɑmikɑ	ɑnj⁴u	qɑlɑ	xɑmɑ	hɑld		dryɑtki	iɑ purkin	itun	itun
232	왜	we	为什么	nimifqɑ	nege	emmege	nige, nərsege	nyge, mege	neye	neye	jɑkɑxi kɑt	jæmɑg ɑ	jɑlə	juugɔx	jɑjiŋ ɑkstɑ		ɑimu	uniɔkyəmi	iile	iile
233	우리	uri	我们	biz	biz	biz	biz	bis	pisir	mɑz'mɑs, məsder	pitə	mun	mɑn	bɑz	mɑn	mɑɑn	pe	pɯ	pɯ	pu
234	이	i	这注9	bu	bul'bu	bul'bu	bul	bo	bu	bu	ənə	ne	ənə	in	inə	ene	ərə	əi	sii	əri
235	저	tse	那注10	u	o, ol, ɑnɯw	ɑl	u	ol	u	gol, ol, a	ənə			tar						

11. 동사(173)

번호	한국어	漢字																						
236	가다	去	bar-	bar-	bar-	bar-	bar-	bar-	bar-	var-	bar-	artʃɣi	jitʃi	jitʃi	ʃʁtɣ	itʃ	t, it, o	oot	gene	gene	neni	sene	sene
237	가르다	分开	parɯla-	purʃula-	pɛrɛle-	parɣula-	pɯrʃula-	peʃɛle-	perʃula-	bol-	ule-	sala	sala	avu	puri	au	lsɯɑoɛ	sahual	tɛntɛ	tɛntɛ	tɛntɛ	ukʏtʃʏa	uusa
238	가지다	拿	al-	al-	al-	al-	al-	al-	al-	al-	al-	ap	ap	avu	puri	au	ape	ap	ɑɑmɑ	kia	kat, i	ka	ka
239	갈다	翻	ery-	awdar-	cadar-	ori-	eri-	andar-	aŋdarɣ-	ɑɣ-	arty-, docara-	urpaŋx uftʃe	xurpa	çapori	xurtʃaz	kyolar	horo	kyerwa	narca	kita	kyesere	malhya	mult ya
240	감다	缠绕	ˌirmaʃ-	ʃarma-	ˌerma-	ˌoma-	ˌoma-	ˌerma-	ˌforbaay-	ˌuɲel-	horu-	eriʃa	furoo	xoro	kotʃi	horo	horo	foro	foro	foro	sru	sru
241	갚다	偿还	qajtar-	qqjtur-	qqjtar-	qajtur-	quitar-	qajtur-	axm-	jan-	jan-	xariku ɨnputʃɣ akoxu	xarle	ori kie	bas	ol	tyolo	gar	tyotu	tyoota	foro	purki	tya mu
242	걷다	过,渡	ot-	ot-	ot-	ot-	ot-	ot-	ot-	ot-	joz-	tyukuln taa	xumpa	towa	dulæ	mult	Xɑrɛ	gar	tyotu	tulu	tyoota	tuls	tuls
243	걷다	收,收拾	dʒəɲaʃtar-, demsalda-	dʒəɲaʃtar-, dʒende-	dʒende-, tyze-	oænde-	dʒəjnas tar-, dʒende-	jay-	jiireʃdar-	ahs-, kuala-	alkuɨx uɨʃɨtək uɨtʃils xuʃ	xurija	gara	malt	goorute	ol	xurou	parkija	pierxe	parkia	kyuptya	xətʏtʏa	larxə
244	걸다	挂	il-	il-	il-	il-'el-	il-	il-	as-	ahs-, kuala-	kaoky əpíut [alaɛ			tʃiootzli apkugi	kakure	kuodky əpíut		lakyija	lisky	lokyo	lokyɛ	lerxə
245	곪다	化脓	jiriŋla-	iriŋde-	areaŋlen-	areaŋle-	jiraŋla-	jirɛŋle-	iriŋne-	jereaŋner-, jereŋ dahrt-	iruŋxo sun	itee	irunŋxo sun	xuexs	t, yisar	jerex	liskyija	nijakyi na	nijak yina	nijakyi jini	nɖɑɑwr an	naa iʃʃi
246	곪다	燜	aj-	aj-	aj-	ajʃla-	ajʃla-	torla-	itee	loss	oliessu	xuns	sun	tul	oles	tyurcacau	omiXolo	urumu	fili	tʃima	sweerer əʃ	tʃəm naʃan
247	곪다	煼	qoqta-	qoqta-	qoqta-	qoqta-	qoqta-	qoqta-	qaqta-	fijakyu	jira	tʃra	jira	ʃarɑ	ira	tyua	fijakyu	ara	xila	uli	tjila
248	그리다	画	siz-	saz-	siz-ˌizi-	il-	il-	ˌaur-	ˌaur-	xuaji	xuaji	nyrgam	xuak əpit, yi	Xuala	ara	era	owu	æ	iʃila
249	굿다	划(线)	siz-	saz-	siz-ˌizi-	xuala-	xuala-	xuala-	tʃiru	tʃiru	xuaji	salbi	xuak əpit, yi	Xuala	itrura	itʃire	tʃʏortʃʏi jini	iimkyi	tʃʏeri	iikkyi
250	긁다	挠	tarna-	tarna-	tarna-	tarna-	tarma-	tarma-	maakaʃi	maatʃi	uot	mudʒ	matzam	maatʃi	wasiXa la	wasiXa dla	xila	uʃiiram	uʃiiram

번호	한국어	로마자	漢意																													
251	기다	kita	爬	omile-	ormele-	ormeolo-	ormele-	ormele-	ynge-	omaxla-	polo, nodzu-	mlxuixuf	pyaapala	pyapala	mulku	pyaltfiju	melke	mitryu	mut, yi	mirkyi	tyakytyi	mik ykyi
252	기다리다	kita rita	等候	kyt-	kyt-	kyt-	kyt-	kyt-·kot-	doodo-	guj-	soce-	exuiljie	czeza	sisi	kutfur	soce	sooce	olijo	eli	olt, yi	oloory	olooji
253	기울다	kiuuta	傾斜	qirrroj-	qoojtfeld-	qoorproj-	eyirlen-	qeerroj-		oojil-	oeldze-, oelool-	xoipi	murii	orilo	elle	,eko	soltfiitfwoi	XoiXor oojkoltfi	woiky urooXoi ityoru	soltfiri	mukytfy ikyo	xelt yexu
254	깁다	kipta	縫, 补	jumo-	dʒumo-	dʒumo-	jeme-	jumo-	dʒumo-	jumo-	jumo-	oyuxu	neme	xutu	oji	neme	Xoloosko	ufi	ivi	ulfi	joonoron	ulti
255	까다	kata	剥(皮)	soj-	soj-	soj-	soj-	soj-·soj-	soj-	soj-	soj-	fuluyx ukul	qyolu	qyohu	xoul	t.o	Xoloosko	t.o	sotu	folo	filo	filu
256	깎다	kiakta	剪	qojqolo-	qojtfelo-	qqjelo-	qejile-	qqjolo-	kojtooxlo-	zele-	qejoiilo-·qqjoiilo-		pyoomtfi	imtsyoji	koitfilo							
257	깎다	kiakta	削	ylo-	ufto-	ylo-	ylo-	ylo-	bize-	guj-	uzdoy ool-	tfeorko	t.oors	tu	dʒus	joXko	tfyyr	surosix jjurooyo y	qyo:s oy osi xijo	kyoorye on	kyoonor on	jiiron
258	깨다	keta	打破	ur-	ur-	ur-	ur-	ur-	kok-	vur-	per-, soq-	epte	,ocoto	oe codho	kotun	oooce	Xucool	ofute	sojefi	eptu	epteo	ette wu
259	꺾다	kiakta	折	pykle-	bykte-	byktoo-	pykle-	bykle-	dyr-	biz-	dele-	nukul	mxosun	tfiomfi	foro tutolo	toko	Xukue	lokytty opu	loxsitfi	moxsofo	epteo	tfyo xoro
260	꽂다	kota	插	suq-	suq-	suoq-	suoq-	suoq-				t.ykto	tzoilo	tfoomf intsyoji	korku	t.yoko	fotficoor	sisi	t.yo	t.yo	okykyi	oky kyi
261	끄다	kuuta	熄灭	ef-	ef-	ef-	ef-	ef-		soj-			sunee	imis	surmul	sone	Xomul	mukyjfo	mukyi jo	fulikyiym ukyu		
262	끌다	kuulta	拉	turt-	turt-	turt-	turt-	turt-	tyrt-	dot-	dohrt-	tyotyo	tyelo	loji	tot	to	hto	tyotyo	tyotyo	tyotyo	tyoo	tyoo
263	끊다	kuunta	斷开	san-	son-	son-	yzot-	son-	syn-	sun-	son-	xuku	xuoo	oohu	tfjokor	ool	Xucoul	lokytty opu	loxsitfi	moxsofo	epteo	ettewu
264	끓다	kuulta	沸騰	jumo-	dʒumo-	dʒumo-	jemo-	jumo-	dʒumo-	jumo-	jumo-	xulkor xuf	koki	oulu	ezemx	elo	ooXy	fuji	fiji	fuji	uji	uji
265	나다	natta	生(孩子)	soj-	soj-	soj-	soj-	soj-·'soj-	soj-	soj-	soj-	tyufuf	tyuro	tu	turu	olo	tyero	fuji	pont, i	polti	polti	polti
266	날다	natta	飞	qqjolo-	qojtfol d-	qqjolo-	qejile-	qqjolo-	kojtfylo-	zele-	qejoiilo-·qqjoiilo-	nisul. tegto	ness	imis	dord	ness	hunes	tejo	tejo	togli	teili	tegto
267	남다	namta	剩	ylo-	ufto-	ylo-	ylo-	ylo-	bize-	guj-	uzdoy ool-	elle	fule	eilig	xulu	tfotro	hele	funtryo	funtryo	exlu	polti	tosso
268	낮다	natta	病愈	ur-	ur-	ur-	ur-	ur-	kak-	vur-	per-, soq-	eteketeo	soit, yiro	koooto	oure gir	sootoro	somru	tosso	tosso	tosso	tosso	tuso

번호	한국어		漢字	pykle-	bykte-	bykta-	pykle-	bykle-	dyr	biz-	dele-	paku	pau	paɔ	dʑuri	pu	puu	ɕpu	uru	nuue	nuue	nuue	ewe
269	내리다	ne rita	下																				
270	녹다	netta	裝, 進	suŋ-	suŋ-	suŋ-	suŋ-	suŋ-				xɑilɑŋ kes	xɑirka	xuɑɡirɕu	tɯ	kɑksɑr; ɑskɑr	,imtɘr	kɘs	tyɘpu	eɕyi	tyɘwu	ɕmeɕy	ɕmeɕy	ɕsɯmultɘn
271	녹다	nokta	溶化/鎔化	ej-	ej-	ej-	ej-	ej-				nɑkɑt	nɑɑte	nɑtu	nɑɑt	nɑɑte	nɑɑte	fɘnijɘnʃ ɘne	fɘnijʃ ɘne	fɘnijʃ ɘ pʃɘne	owi		ukii
272	놀다	nolta	玩	turt-	turt-	turt-	turt-	turt-	tyrt-	dɑt-	dɑhrt-	sɯtʃyi	ʃɑtʃi	tʃintʃi	ɑɑt	nɑtʃ	ɘfi	ɘfi	ukyɑtʃyi	ɘwi	tikta	eɕee	neeɕe	
273	놀다	nol ʎata	搖晃	sun-	sun-	san-	syn-	san-	syn-	sun-	sɘn-	sɑtʃyi	ʃɑtʃi		tɘrwɘ	hɘrkɘ	kɘlɘ	kɘlɘ	elɘ	eɕeɕe	tutu		
274	누다	nuta	拉(屎)	bus-	bus-	bus-	bus-	bus-	bɑzɑ-, kʋs-			pɑkɑxu	pɑ	pɑ	pʋɑɑ	pɑ	Xɑmtɕɑ	Xɑmtɕɑ	ɑmeʃyi				
275	누르다	nurui ta	壓, 搯	bus-	bus-	bus-	bus-	bus-	bɑzɑ-, kʋs-	bus-	bɑs-	turu	tɑɑre	turu	tɑɑrɘ	tɑr	sosu	kita	kita	tyɘpu	tyiri	tyiri	ɯwe
276	눌다	nupta	騙	jɑt-	jɑt-	jɑt-	dʑɑt-	jɑt-	dʑɑd-	jɑt-	jɑht-	xɘptʃyɘ	kytee	jɑmtʃi	dɑr	hiɕkɘr	kɑrti	tɘtu	tutu	tutu	tyiri	urlɕe	xulɕe
277	눌다	nutta	增	kɘpɘj-	kɘpɘj-	kɘpɘj-	kɘbɘj-	kɘbɘj-	ɡɘbɘj-	koblɑn	ɡeʋe-	ɘlɑt	ulonte	oloto	nɘmɑrd	olonte rɘ							
278	달다	tal ʎita	跑	jyɡyr-	jyɡyr-	dʑyyɡyr-	dʑɯyɡyry-	dʑyyɡyr-ʼ jyɡyr-	dʑɯyɡyry-	jyyɡur-	dɕyyɑr-, cɑʑlɑ-	ɡuʒjuʒ	kui	xolu	ɡui	hiil	fɘxʎi		tyɑkysɑ	pyɡtɑnu		
279	닦다	takta	擦	syr-	syr-	syrt-	syt-	sɘn-, syrt-	ʃot-, ɑʃdɑ-	mulɑ-	surt-	tʃyuʃkuʒ	ɑriicɑ	sɑji	ɑriiɡɑr	sɑke	ʃɘrku	mɑpulɑ	mɑvɘlɘ	ikyi	ɑwɑ	
280	닫다	tatta	关(门)	jɑp-	jɑp-	dʑɑp-	uqsɑ-	dʑɘpu-	dʑɕbɑu-	bix-	sokɑ-	xɑ	xɑɑ	qʋɑ	dɑr	xɑɑ	solotʃɘ ɡɑur	kita	kita	kita	tyiri		
281	담다	tamta	像, 陶	uʃʃɑ-	ooʃʃo-	ooʃʃo-	ooʃʃo-	ooʃʃɑ-	dʑyɓɑu-	ɑʃʃʃɑ-	sɑdɑ-ʼusdɑ-	ɑtɑlipt yur	sɑrlɑku ɡɑtʃɑr	jɑnlityu oron	dɑɡɑ	lɑnkɘ ntɘcɑ ku	ultɑmɘ ɡɑtʃɑr	kita	ɑtɑlin			
282	담다	tamta	裝, 盛	us-	suz-, sɑl-, qyj-, bɑs-	suz-	suz-	sul-	sɑl-	oʃʃo-	ɡuz-, dʑɑʑnɑ-	xi	jɑcɑlɑ	julɑ	ork	jɕu	keerte kyii	sɑksul ɑntʃɘpu	uxɘi	tyɘpu	tyɘwu	tyɘwu	nɘmwelʃy
283	다불다	tapul ta	拔儿-起-	bille	birge	birge	bilɘn-bi lle	bɘurle	kɑdy	bili	bole	xɑmtyu	xkɑlɑ	pentɑ	nɘkɑnd	xɑmtɘ	Xɑmtyɘ	uxɘi	emu pɑt ɕɕyuxɕi	emu pɑt ɕɕyuxɕi	omontu	tʃoltɔ nɘ tɑ	
284	던지다	tantisi ta	掷, 扔	tuʃlɑ-	tustɑ-	tuʃlɑ-	teʃle-	tuʃlɑ-	dɑwɑɑ-	ɑɑsɑ-	tɑjdɘ-, tɑrdɑ-	xɑjɑ	tʼynt ɕɕɑmulɑ ɘɘ	ttyoodyu nɑɓoxtu	orki; ɡɑɕ vɑ, ɑl	xɑmtɘ; ɡɑɕ vɑ, ɑl	tʃyilutɑ	fɑxɑ	Xɑsxɑ lɑ	Xɑsxɑ lɑ	mɑktyɑŋ noto		
285	덜다	talta	減	ɑzɑj-	ɑzɑj-	ɑzɑj-	ɑzɑj-	ɑzɑj-	ebeʃdʋ-	ɑzlɑm-	ɑzɑ-	xɑsu	xuʃtʃi	qyunʃ	ɑudlɕord egu	tʼyutɘ tʃ	ekyjiɕ	ɕkyjiɕ	ekyjiɕ	ɕkyjiɕ	ɑkyjiɕ	
286	덮다	tapta	蓋(的)	jɑp-	jɑp-	dʑɑp-	jɑp-	jɑp-	dʑyɓɑu-	bix-	qolɑ-	n/ʼmulr xuɕtʃyu tʃyixu	xutʃi	qyutʃ	dɑr; nɑmb	nɑmpɘ	tutʃɘ	xusi	tutʃɘ	ukyul	xuʃi	

번호	한국어	로마자	漢字																		
287	돋다	totta	(日出)	jur de mleʃ-	ɑjlɑn-	ajlɑn-	ajlɑn	ɑjlɑn-	ilɑn	jorlɑ-	un-	mɑntɑ	mpɑrlɑ	helis	gur	hels	ɑɑiloχ	tyɑfɑ	tyʊne	tyuxtʃə	tyʌksytyi	tyʊtytyukə
288	돋다	tolta	转(圈)	ɑjlɑn-	er-, les-	ɑjlɑn-	ɑjlɑn-	ejlɑn-	desgini-	jorlɑ-	ərkix′	xerkɑ	otɣɾɑ	tʃkɑr	tyor sɲʌɑrə	herektii	tyorχo	tyrxu	forʃulə	tʃʃʌkyɑr	sʌxɑɑr
289	돋다	topta	帮助	jɑrdem	dʒɑrde m-, des-	dʒɑrdɑmd-	jɑrdem leʃ-	komɑkleʃ-, jɑrdɑmleʃ-	bɑrpɑʃ-	bɑrpɑs-	xɑmtʃiɳ xɑps	nukyor kə	pɑmtʃi	kɑmtʃi	nəkyo rkə	tɑpcɑuɑlɑ	ɑisilɑ	ɑi, ilɑ	ɑijilɑ	ɑijilɑ	ɡiɑʃilɑ
290	되다	tɔta	成(方)	bol	bol	bol	bol	bol	vol	bol	pol	uls	olu	bol	nɑptyə tʃim	pol	o	o	o	o	
291	두다	tuta	放着	qɔj-	qɔj-	qɔj-	qɔj-	qɔj-	cɑj-	sul-	tyɑlpi	tyiikələ	olu	tuil	tyii	tʃyicent yɑl	sintɑ	jintɑ	ɑu	cɑu
292	듣다	tuⱨta	听	ɑɲlɑ-	tɑɳdɑ-	dɑɳnɑ-	iʃit, tiɲle-	ɑɲlɑ-, diɲnɑ-, iʃidi	ɑɲlɑ-	sul-	semus	sunoes	tyɑnliis	tyɑi	t,tyɑɾlɑ	oro	tʃyikə	tonfʃi	t'ntʃi	tɑɾetti	tɑɾti
293	듣다	tuⱨta	进入	kir-	kir-	kir-	kir-	kɑr-	sul-	kɑr-	uru	om	oɔ	cəm	tʃyikɑ	oro	tosi	t', y	nɑ	ii
294	듣다	tuⱨta	举	koter-	koter-	koter-	koter-	dɑmnɑ-	jore əʃt-	ərkuʃ	tʃʃii	trɑntʃi	ɑoo	ergue	ɑɾkomtʃ ilii	wessim pu	tyikyə ve	tʌχɑ	muktə	tuɑlɑ
295	따르다	taɾuⱨta	跟着	egeʃ	er, les-	eɛji-	ergeʃ	ijɑr	ire-	ezɑr-	tɑkɑ	tʃii	tɑcɑ	dɔɡɑ	oro	oro	tosi	yʌxi	tʌχɑ	juckyulə	qiowu
296	따르다	taɾuⱨta	倒(茶)	qyj-	qyj-	qyj-	qyj-	qyj-	kut-	ɡooz-ɡuz-	xi	ʃurə	kyə	surə	kyi	secɑ	tolom	tola	mulɑtyʌr ki	oɔkyoo	qiowu
297	때리다	teɾita	打	ur-	ur-	ur-	ur-	ur-	kɑk-	per-, soq-	tʃʃəxi	pocɑ	ɛə	turk	ɛkye	χoɡ	tyɑntyɑ	tola	tyɑntyɑ	mɑntɑ	mɑntɑ
298	떨다	ttəlta	发抖	titre-	diriltde-	titre-	titre-titrek	tydɑrɑ-, quldɑlɑ-	tɑtre-, quldɑlɑ-	tʃʃyʌtʃy ʌr	jirkutə	pucɑlɑk yu	pucɑlɑk yu	ʃrigi; ʃurkudə	tʃuɑtʃ tɑ	χɑltyəlɑ	turkə	surxu mu	furkyu	furkyu	ʃikkiʃi	ʃikkiʃi
299	뛰다	twita	跳	sekre-	sekir-	sekir-	ensi-	sɑk'r-sik'r-	seggire-, digine-	pocɑr-	ufsutr	tʃiooli	tʃiooli	xɑsur	ɑkye	sur	fɑkyu	kyʌty kyɑnə	kyʌty kyɑnə	sʌyɑkye	tyʌtʃtʃytyɑ
300	뜨다	ttuta	存	lejle	qulqe-	qulqe-	lejle	uʃ	uʃ	ʃulɑ	xuлpuл	heli ɑppyuogji	heli	kuɑbod	hels	ɑɑilɑx	tɑkytə	tɑkytə	tsktə	tsktə	tɑkytə
301	띠다	tita	带(腰带)	busla-	bujlu-	bɑjlɑ-	busle-	bejle-	busln-, kul-	tɑtre-, quldɑlɑ-	tʃʃəkuʃ	tʃ'oo	tro	kuɑbod	tʃʃo	tʃyy	sʌyu	utyu	sʌyu.	sʌyʌkye	tɑkytə
302	티다	tʰata	骑	min-	min-	min-	min-				umu	fune	unu	on	hone	fune	jdlu	jdlu	jɑlu	jdlu	olko
303	마르다	maɾuta	干枯	qoχʃo-	qoqso-	zɑrlɑ-	qeʃlɑ-	kɑksɑr-, zɑrlɑ-	sukulɑ-	sɑkulɑ-	xɑtyɑ	xɑtɑ	ɡo	ɑ	χɔ	χunʃ	oχɔ	olku	olku	olko	olko
304	마시다	maɕita	喝	-i	-jʃ	-i	-i	-jʃ	-jʃ	-śe	uɑku	ur, yi	otɣ	ɑ	u	uu	m	omi	omi	omi	imi	imi

305	마치다	matsʰita	結束	ɑjɑqlɑʃ-	ɑjɑqtɑ-	ɑjɑqtɑ-	ɑjɑqleʃ-	ɑjɑqlɑʃ-	dosdu-	dos-	ɑzɑq uz-	tɑkusŋ pɑrɑ	tsɑmkə	pɑlu	bɑr	vɑr	tuustʃɣŋ pɑr	ɽoɽo	ɽoɽo		
306	막다	mɑktɑ	挡	tosɑ-	tos-	tos-	tose-	tosɑ-	tos-	tos-	ɑɣət-	xəriŋx ɑʃiŋxɑkɑ	xurə	qɣɑ	xɑ	ꭓɑɑ	ꭓoɽuul	qɣɑ	qɣɑ	ʃi	lipkɣi	likɣkɣi
307	만들다	mɑntultɑ	做	qil-	qəl-	qəl-	qil-	qəl-	kɣl	jɑlur'jɑluŋ	jelvu	xi	kə	kiə	xi:	ᴇskə	kə	ɑrɑ	ɑrə	ɑwu	ɚ	ɚ
308	만지다	mɑntsitɑ	摸	silɑ-	səlɑ-	səlɑ-	sile-	sipɑ-, səlɑ-	syjmɑ-	mɑlɑ-	sovɑ-	tɣəmtɣ ərə	tɣemtələ	t, ɣiɑnt, ɣiəlu	təmilɑ:	moo	əlpəklɑ	ʈɽɑfɑ	ʈɽɑvə	t, ɑʃə	tʃɑwɑ	tʃɑwɑ
309	맞다	mɑttɑ	迎接									uktɣu	tzeele	tʃiəliə		tzᴇlə	elmesɑ ɢɑr	okɣtɣo	outu	okto	okto	ɚtɣtɣo
310	맡다	mɑttɑ	担任	iʃle-	iste-	iʃte-	iʃle-	ɯʃle-	iʃte-	gunzo iʃ et	əs duht-, et-	tɑkɑkɑ	tɑɑ	ənnɑi	dɑ:	tɑntɑ:	tɑɑʃtɑ	məixərə	mixərə	məixərə		iɿi
311	매다	metɑ	系(绳,鞋带等)	,ig	tɣj-	tɣj-	,ig	tɣj-	dɣj-	diuɣ-	ɯiɣ-	ujɑ	fujɑ	xuijɑ	bəslɑ:	hɑɑ	hɑ	sirɑ	,irɑ	ʃirɑ	ʃirɑ	ʃerɑ
312	먹다	məktɑ	吃	je-	dʒe-	dʒe-	je-	ɑʃɑ-	dʒi-	ji-	ji-	itə, tʃəɡəŋ	ite	itʃiə	id	ntə	ete	,tə	,ti	tʃitɣ	tʃəptɣə	tʃəfu
313	메다	metɑ	堵塞	tosɑ-	tos-	tos-	tosɛ-	tosɑ-	tos-	tos-	ɑɣət-	pʔklə	pukələ	pukulie	but	t,ɣixə	solo	sinjɑkɣ siŋŋɣɑ	qɣɑ	,i	lipɣkɣi	liixxi
314	모으다	mouɯtɑ	收, 集	jiʀ-	dʒɚj-	dʒəjə-	jiʀ-	dʒij-		jiʀ-	jimət-	xurijɑ	xurɑɑ	ɢurɑ	mɑltə	ɢorutə	xurɑɑ	tɣomso	tɣiə	tɣuɿi	tɣəmkɣu	tɣewe
315	묻다	muttɑ	问	sorɑ-	surɑ-	surɑ-	sore-	surɑ-'sorɑ-	surɑ-	jɑrəl-	qol-	ɑsɑkuŋ surɑ	stzɑɢɑ	ɑsɑ	xɑsɑu	ɑsɢə	sərɑ	font, i	f'nt, i	mətələ	ɑɿu	ɑɿu
316	물다	multɑ	咬	,iʃle-	tiste-	tiʃte-	,iʃle-	t'ʃle-	ɣzɣ-	,ille-	dəsde-	xɑtʃɑŋt ʃɑku	tʃɑuŋɑt ɑtʃɑ	tɽɑoŋɑtɽɑ	əŋku	tʃu	tʃuuŋɑtʃɑ	sɑi	,ɑ	sɑnu	kɣikɣ	xixi
317	묶다	muktɑ	捆扎	bɑʀlɑ-	bɑjlɑ-	bɑjlɑ-	bɑʀle-	bejle-	bɑʀlɑ-	bɑʀlɑ-	bɑlɑ-, kul-	pɑklɑ	t,ɣoɢɑ	tɽɣəulɑ	boki	t,ɣoɢɑ	kɣulə	fulmijə	fæni		ɚkɣə	ɚkɣkɣə
318	밀다	miltɑ	推	itter-	ijter-	iter-	iter-	iter-	jitee-	jit-	əʃt-	tɣuɿxi	tɣurku	tɣuluku	tulti	tɣolkə	tɣulku	ɑnɑ	ɑnə	ɑnɑ	ɑnɑ	ɑnɑ
319	바꾸다	pɑk'utɑ	换	ɑlmɑʃ-	ɑlmɑs-	ɑlmɑʃ-	ɑlmɑʃ-	ɑlmɑʃ-	soluɣ-	ɑliʃ-	ɑləs-'ɑs-	səliŋɑr ɑltʃiŋx ɑlɑ	rɑɑltʃiŋ sortɑ	ɑruntɽɑ	ɑldʒ	ɑntʃi	ɑrɑɑltʃi	ꭓɑlɑ	ꭓɑlɑŋ ꭓulɑɽɑ	ꭓɑlɑ	kɣɑɑlɑ	xɑɑlɑ
320	받다	pɑttɑ	收(信件)	tɑpʃur-	tɑpsər-	tɑpʃər-	tɑpʃir-	tɑpʃər-	dɑpsɣr-, tələp ber-	dʒolɑ-	ɯolɑ-, duhtdur-			xoriə			pɑꭓɑ	pɑꭓɑ	pɑkɣkɣə	pɑkɣɑ	pɑꭓɑ
321	배다	petɑ	怀(孕)	tuʀ-	tuw-	tuɿ-	tuʀ-	tuw-	ooldɑ-, kol- but dɣrtɑ-	doʀ-	duɣ-	jirmuɿs ləŋxək əltɣuʃ	kɣeelele	posutɣu olu	bəsu	t,ʃintʃi kə sou	poos	urə	uru	urə	urə	urə

No.	한국어	漢字	petta	tykyr-	tykir-	tykyr-	tyfyr-	tyk-r-	kusko-	tyxur-	tude-	pʰkoltʃi	pooltʃa	puntʃe	bældʒ	pontʃi	petʃe	tʃuru	tʃuru	itʃʃfyi	tʃimkyity	tʃiri
322	밟다		petta	taʃta	tasta-	taʃta-	teʃle-	taʃta-	dawa	oawa	tajida-*tarda-	xaʤuŋksks	xkala	penta	orki; gæ	vocal	orntʃyil uta	makytya	makytya	mokytya	næeta	nuuta
323	버리다	扔, 舍, 弃	perita	taʃta	tasta-	teʃle-	teʃle-	taʃta-	dawa	oawa	undur-	tyaila	tyaila	tyai	aila	tyii		su	so	utʃyi	loky	luxu
324	벗다	脫	petta	tʃeʃ-	ʃeʃ-	je-	je-	eʃ-,eʃⁿ-	ʃeʃ-	oj-	puʃ	xatu	cate	catuŋca ut	xada	cate	cate	xatu	xate	xati	kyati	xati
325	베다	割	peta	pi-	bɔ-	pi-	pi-	pi-	pyʃ-, byaa-		caru-, gar-	utʃʃ(x, xara(	utʃe	utʃe	udʒ	ntʃE	etʃe	tyuwa(, sapu(	tyaa(, save	tʃi(	itʃyi(	itʃyi(
326	보다	看	pota	kor-	kor-	kor-	kor-	kor-	gar-	gar-, uʃir-		xakara	kankye	qyuru	kulku	xʒr	pyiile	xaqytyu	tyasxa	tʃyoole	kyulkyu	xukykyu
327	부수다		pokta	qoru	quwar-	qur-	qoasda-	qowar-	koor-	lola-, oora-	quyar-	uʃije-			mad	hile-	xauta	pilrye	pilrye	pilrye	pilrya	pilrye
328	불다	吹 (火)煤	putta	of	os	of	of	of	oj	fur-	ohs	xaput	pyuule	fsile-	xul	xitye	tyoale	fulkije	filxi	fuiiki	uu	uuku
329	붙다	肿	pulta	pyle-	yrle-	yllo-	pyʃle-	yrle-	yr-	ir-	pude-	naka	xaite	qyajatyu	xaur	ntʃar	tyoale	mata	mata	oule	nwe	exex
330	붓다	沾上	putta	iʃʃi-	isi-	ijʃi-	iʃi-	iʃi-ⁿʃiʃ-	jiʃar-, yʃa-	if-	sяz-	xзrkusam	naa	niga	lart	xosar	xuusan	laryupu	laryeva	latyupu	lakytyuk ya	latytyaw xa
331	붙다	沾上	putta	juŋ	dʒuŋ	juŋ	juŋ	juŋ	dʒyrdʒym-, kaldd-	juʒa-	ardʒala-	sarruʃʃi mi	xoosan	qyosun	xsosan	xuusan	sorotʃe me	untyux un	untyax un	untyaux un	kyeʃxy	
332	비다	空	pita	boʃ	bos	boʃ	boʃ	boʃ	boʃ	boʃ	bos	xutaʃun op	jimu	jiji	tut; jimi, ⁱ	,i		simi	,ime	simя	jimee	jimi
333	빨다	吸	palta	symyr-	sor-	ʃemaʃ-	ʃimir-	symyr-	sor-	symar-	sor-	sityaka	cavu		au	rtʃal	amtyerqai	uta	untya m kia	kata	ka	unim kata
334	사다	买	sata	satip dʌ-	satip dʌ-	setip al-	setip al-		okvl-	cala-		amitura	tyalee	uu tawa	tul	hare	tʃyina	tyalca	tyxura	tʃikta	takta	takka
335	사르다	燃	sarruta	qʌla-	dʒaqy-	dʒaqy-	qʌla-	dʒuq-	okvl-	cala-	ot sal-	tʃyina	oatal, uloce	tʃyna	uilde	tʃyina	tʃalce	pont, i	pont, i	t, palti	palti	palti
336	살다	生活	salta	jaʃa-	dʒasa-	dʒaʃa-	jeʃe-	jeʃe-ⁿjaʃa-	mendekal-	diri-	jasa-	tʃyina	tyulee	tranqyei	fane	tʃalce	qyutce	putru	putru	ulu	oloo	ese
337	삶다	煮	samta	piʃir-	pasar-	pasar-	piʃir-	piʃir-	byʃir-	piʃir-	pasar-	xuryxu	t, alka	qyutun	dʒelgi	toko		pulija	nau	immur	nimee	ia
338	삼기다	吞	sam kʰita	jut-	oʌut-	oʌut-	jut-ⁱjye-	jut-ⁿjye-	uyut-	uyut-	sanяr-, jenne-	tʃalki-	rtoco	kyeji	korku	mant yel	sii	qyuruq	qyuruq	iii		
339	삭다	搅拌	sakta	qotʃu-	aralast ar-	aralaʃʃar-	qotʃu-	qotʃu-	aralaʃʃyr-	tʃal-, cal-	joyar-, dohca-	tʃaŋgsu	tʃiirs	pesʃ	kz	pi	pyoso	foloŋk yelя	foloŋk yela	qyutya		
340	새기다	刻	sekita	oj-	oj-	oj-	oj-	oj-	oj-	orp-	kele-, oj-		poss		bai	pyoso		iii	ila	iii	iii	iii
341	시다	站	sata	tur-	tur-	tur-	tur-	tur-	tur-	tix-	arle-ⁿarle-		poss	poss	bui			ili	ila	iii	iii	iii

342	세다	seta	数	sana-	sana-	sana-	sana-	sana-	sana-	sona-	sana-	sona-	tcz	mufo	tcz	tyolo	tyolu	tyolu	tyolu	tyczi
343	숨다	sumta	躲, 藏	mok-	buq-, dʒu sar an-	dʒɔɟʃɔn-, bɔq	yʃ-	bekin-	jeʃ'n-	dʒɔʃɔy-	jɔʃïm-	jɑhs-	muu	-	muu	somi	somi	,mi	tʃɑki	tʃɑki
344	쉬다	swita	休息	tenep pus	demalas	dem alu	teneffus	tenefas	teneffus				xampura	humor	amera	srce	srce	srcə	amura	amra
345	신다	çinta	穿(鞋)	kij-	kij-	kij-	kij-	kij-	kij-	get-	gij-	gez-	moss	moss	ams	srce	styu	uryu	amura	amra
346	심다	çim ta	种, 種	tik-	tik-	tik-	tik-	tik-	tik-	tury-	zela-, tix-	dar-	moss	moss	ams	styu	styu	uryu	tyotyi	tyotyi
347	싸우다	sa uta	打架, 吵架	tilla-	tilde-	tilde-	tille-	uruʃ-	uruʃ-	kɑrsɑ-	uxre-	datde-	poccllo	ʒomtu	xaral	tyantya nu	tyantya nu	tyatult ʈu	uss	uss
348	쌓다	satta	累, 堆疊	eride-	yi-	ymekte-	berem qil-, tople-	berem qil-, tople-	toplu-	oboalta-	loxʃlta-' loxdala-	dʒohqdʒilo-	urunte ire	-	obcl	iqtytya	iqtytya	isavə	muntalti	muntalti
349	썩다	sak ta	烂	tʃiri-	tʃiri-	tʃiri-	tʃiri-	tʃïri-	tʃiri-	tʃeri-	tʃyr-	jizə	itʃïre	fu	niu	nija	nija	ja	uruu	uruu
350	썰다	sol ta	切	toasra-	tuwra-	tuura-	tosre-, tuwra-	torca-, tuwra-	doora-	desra-	vur-	dorya-	kyort,yi	kyitt'	niu	nija	niŋin	nigin	mumu	mumu
351	쏘다	sota	射, 开(枪)	at-	at-	at-	at-	at-	at-	vur-		dryə	xarpu	ʃ,	niu	furu	furu	xoji	tʃikə	tʃikə
352	쓰다	siuta	用	pajdil an-	pajdala n-	pajdalan-	pajdele n-	fajdalan-, qollan-	pajdolan-	tʃaru	lijynna-	dʒudra	tʃure	tʃaru	niu	captya	caotya	xoji	karpya	kappya
353	씹다	çip ta	嚼	gina-	ʃgjna-	gjna-	gjne-	gjne-	dgjna-	tʃaʃji	gohse-	dʒɔldʒji	tʃetʃal	tʃaru	caua	paityala	paitya lo	captya	pajtyala	pajtyala
354	씻다	çit ta	洗	ju-	dʒuw-	dʒu-	juw-	ju-	dʒu-	ukjja-	jy-	jy-	caua	uoa	wat	nijatu	niami	niami	jee	namcji
355	아물다	amul ta	癒(伤口)癒合	pyt-	bit-	byt-	bit-	b't-	bit-	seke-	bazet-	adpe	urunte ire	xuifu	adpe	opo	ovu	ovu	jilkyi	jilskyi
356	앉다	anta	坐	oltur-	otar-	oltur-	otar-	otar-	olvr-	sogu	odar-	tyoce-	jottye	sao	ke	fəjə tuukyi	jəpə om	qja oofyaa	tyege	tyege
357	알다	alta	知道	bil-	bil-	bil-	bil-	bil-	bil-	mete	bil-	bol-	suu	saa	sau	tye	tye	tyege	tyege	soo
358	앓다	alta	病(动)	kesel	kesel, nowqus	kesel	kesel kesel	kesel: kesel	aaryx	apot	aaora	beraqa	mete	mote	mod	sa	nyme	unkyu	soa	snu
359	앗다	atta	抢	tala-	tala-	tala-	tale-	tala-	tala-	puljja	eylʃ-	qun, tavoqdu-	pelo	pili	bole	turi	turi	turi	smu	snuxulə
360	얻다	atta	得到	al-	al-	al-	al-	al-	al-	al-	al-	al-	ool	olu	olo	paʒá	paʒá	oofyaa	pakyə	paxa

No.	한국어	전사	뜻	toŋlɑ	toŋdɑn-	toŋ-, muzlɑ-	muzle-	toŋlɑ-, muzlɑ-	doŋ-	doŋ	doŋge-	xulr	kyore	kuɑntʃie	xuldu	konts	kyoltyy	tpuxoxe	tpuxexene	tpukexne	umukys ulu	omotʃjolo lo
361	얼다	alta	冻	q-	q-	q-	q-	q-	aj-	q-	aljs-'qs-	neke	nee	niie	nz	nee	nee	nai	raiŋjii	nai	lai	nai
362	열다	jalta	开(门)	kel-	kel-	kel-	kel- kil-	kel-	gel-	gel-	gel-	irə	rə	irə	ir	rə	ere	ti	ti	ama	ema	ema
363	오다	ota	来	iq-	jəq	əq-	iq-	əq-	yna-	əx-	un-	kar	care	qyri	gar	rə	care	tyafa	tyəvəne	nuxtyə	tyukytyi	tyutytyuka
364	오르다	oruta	上,登	juq	dʒuqap	dʒanaq	juq		dʒupdʒyn, kaldu-	juχda-	arudʒala-	xaltu	xala	intʃra	xalda	laca	naodʃ w ai	netʃyi	nət.in kitaj	tʃyrtyə	tyii	rafai
365	옮다	omta	传染	jiide-	yəla-	ajla-	jiide-	jilo- yəjla-	yxla-	jiʃlo-jilyo-		ukila	uloa	uila	xinaxl	la	yyla	saco	sou	sacao	sacao	saae
366	울다	uta	哭	kyl-	kyl-	kyl-	kyl-	kyl-	katkyra-	kuli-	kul-	iŋij	inee	qini	wail	jina	ŋsii	intʃa	intʃi	intʃa		saae
367	웃다	utta	笑	kyl-	kyl-	kyl-	kyl-	kyl-														
368	이기다	ikita	贏	ut-	ut-	ut-	jut-	ut-	dʒanala-	jinna-, tʃida-	jinna-	tsikxal	iŋij	ʃtʃkis	at	ta	ʃatŋan taola	eye	eye	eye	eye	eye
369	이르다	iruta	告诉	dʒaqala-	uqtər-	quloqtandar-	dʒəqəle-	bildyr-	dʒanala-	arnat-					dʒar			ala	ala	xafu	ʃilpa	ʃilpa
370	익다	ikta	熟	pif-	pes-	boj-	pif-	pif-	byʃ-	pif-	bahs- pas-	pel	pel	pel	bol	pel	pel	ura	uru	ura	ama	ama
371	잃다	ilta	丢失	jorealt-	dʒəsu-t-	dʒəsu-t-	josae-t-		bxʃ-			kekaxulʃ	kee	uitoa	gax	ea	cauurtʃyiki	ura	vidilvə	uliopfro	ama	ama
372	입다	ipta	穿(衣服)	kij-	kij-	kij-	kij-	kij-	get-	gji-	gez-	amuʃs	moss	muʃ	ams	mess	mes	ətyu	utyu	tyityi	tyətyi	tyatyi
373	잇다	itta	连接	ulo-	ulo-	ulo-	ule-	ula-, jaika-	ula-	dʒele-	ula-	tʃalka	tʃalcoa	ttpa	dʒalga	tʃalke	tʃalcauʃ ap	sira	jira	fira	fira	fera
374	잇다	itta	忘	untu-	umet-	umut-	unat- unut-	unat- unut-	uttu-	unat-	undu-	martya	maqta	muʃ	murt	murtya	martyoa	cocoo	cau	omxu	orno	amme
375	자다	tsata	睡	uχla-	ujəqta-	uqto-	juqlo-	uttu-	uдχa-	untya	uzn-	umtya	ntyəra	huntyura	want	tyəra	ntyoa	amca	amca	oodʒi	oodʒi	afina
376	자라다	tsarata	长	ʃuχda-	butoqta-n-	buto-, faqta-, butoqta-	faqle-	butoqlo-	buchykda-	budoχ əχ-, qel-		oʃs	ooss	oʃ	ort	ass	car	murtyu	xuu,i	murtyə	juu	juu
377	잠기다	tsamkita	沉	pat-	pat-	pat-	bat-	bat-, boj-	fur-	devanqe bar-		tʃip	tula	ŋatʃi	tinde	tyopla	χoruurtyə	iru	yru	yru		tyiinte
378	잡다	tsapta	抓	tut-	usta-	tut-	tut-	tut-	tut-	tut- duht-	puri	ware	puri	bar	varə	par	wasiχala	wasiχala	yru	wuʃχala	wuʃχala	
379	절다	tsalta	跛	aqsa-	aqsa-	aqsanda-	aqsa-	aqsa-	aksa-	ahsa-	taxkal	tocaulo	tocoolo	dogollu	tocol	tocol	toχoro	toχoro	taxal	tocol	taxal	
380	절다	tsalta	腌	tuzla-	tuzla-	tuzla-	tuzle-	tuzla-	duzo-	jenne-	tapusula	tapsola	tansun tyai	kataxda	tapsoc tʃica	tapssan cun	kita	tapsu		tapsu			

				nemdə	damdu-	nemdɐ-	nemde	damlɐm-	ʃvk, ʃvɛvt	ʃüdɐqdɐr-	nɐr	noorɐ	noru	noirgɐ	nitɛrt,ɣ	tʃyiikty yl	usixi	usixi	tʃyipukya	nŋɐlɐ	ɕɪɐkykyœ
381	찾다	tset ta	濕	ber-	ber-	ber-	ber-	ber-	ber-	ber-	nɐr	uɡu	oki	uk	okyɔ	ok	pu	pu	pu	puu	puu
382	주다	tsuta	給	ber-	ber-	ber-	ber-	ber-	ber-	ber-	ʔkkuʃ	uɡu	oki	uk	okyɔ	ok	pu	pu	pu	puu	puu
383	죽다	tsukta	死	ol-	ol-	ol-	ol-	ol-	ol-	uʃxuʃ	fuku	fuku	uk	fku	hku	puttɕe	puttɕe	pu	pu	pute
384	줍다	tsupta	給	ter-	ter-	ter-	ter-	dere-	ter-	tɕyɐkuʃ	tyɐnku	t,yɐnku	tunkɐz	tyɔkɐ	tɕyy	tyɔmsɐ	tyɑz	tyɑi	tyɔmkyu	tyewe
385	지나다	tsina ta	路過	ot-	ot-	ot-	ot-	ot-		takɐri	nox, tʃi	towa	towa	dule	tʃinkɐo	taɐri	tules	tule	tule	mukyɕyi	nutʃyɕyi
386	지다	tsita	(日)落	kyn bət-	kyn bət-	kyn bət-	kyn bət-	kyn bət-		una	unɑɐ	una	ume	na	nɐɐ	ɔpu	uvu	swu	nwe	ewe
387	지다	tsita	敗	uttur-	utter-	uttur-, unul-	jutqiz-	uttɐr-, utqɐz	jɑlɐ-	una	itʃilɕɐ	pɐiji	ɐɐrdɐ	ɛtɐ	pɑilɑŋ ɐɐltucɐ	tyulfɐ	xɑntɕyx	styɔyɔ	styɔpuxɐ	tyɐɛɛyu
388	짜다	tsata	織	toqu-	toqu-	toqu-	toqi-	toqp-	doʃu-	nɐxɐ	nɐkyɐ	nokyis	nɐɡɐ	tʼ	nekyɐ	tɕoto	tɕoto	tɕyɔtɐ	nɐkyɐ	nɐxɐ
389	찌르다	tsi ruta	刺(動)	sɐnji-	ʃɐnʃi-	saj-	sɐsɐ-	enji-	ʃʃde-, ʃɐnɐv-	xɐtyxu	cɐtɐ	tɕyuʃi	ɡiɑd	tʼryuo so	qyɑtɕɐ	mɐhpɐ	lɐɕyɑ	kitɐ	kitɐ
390	찢다	tsitta	撕碎	uʃʃɑʃqd-	usɐqtɐ-	mɐjdɐlɐ-	mɐjdele-	wɑqlɐ-	dɐlsɐmu-, doorɐ-	muʃuʃ	nute	nutu	korku	nɛtɐ	nutu	mɐksi	xɑntɕyx	fussulu	kitɐ	
391	차다	tsʰata	踢	tep-	tep-	tep-	tep-	tep-, tip-	dep-	ʔsxʔ	skol	tyɡji	pɔʃklɐz	ɛtɐ	sor	fessɐlɐ	fussulu	fussxulɐ	pɔikyɐlɐ	
392	참다	tsʰa mta	忍	ʃup-	ʃup-	tɕup-	jidɐ-	ɐdɐ-	ʃyda-	tyɐsuʃ	tyɛss	ɔnnɐi	tɐsɐ	nii	tyɛss	tyɐʃt,yi	tyɐʃt,yi	tɕɐlɐ		
393	찾다	tsʰatta	找	izdɐ-, izle-	izde‘	izde‘	izle‘, ‘zie‘	dile-	‘zle-	dile-	jerɐ	ari	ari	lɛlɐ	eer	pɑi	pia	kɐlɐ	kɐlɐɐ	kɐlɐɐ
394	주다	tsʰutta	跟(隨)	sekre-	dʒɐq-	mɐjdɐlɐ-	enɐi-	sekʼr-sikʼr-	xɐlv-	sɐɡɡirɐ-, diɡine-	pocɐr-	tɕiuoli	nɐct dɐn cɑrsɐ-	tulɐ	sor	mɐksi	moʒ, i	furkyu	pɔikyɐlɐ	mukyɕyi
395	캐다	kʰe ta	挖(野菜)	tɕɐp-	tɕup-	tɕup-	tɕup-	tɕup-	rɐt-	uxuɲm dihyɐ	mɐnty ɐnɐɡji	oilɐ-	mɐnt yɐl	ulɐɐ	fɐt,yɐ	fɐt,yɐ	ubɐɐ	
396	커다	kʰjɔ ta	開(灯)	ɐr-	ɐr-	ɐr-	ɐr-	ɐr-	ɑr-	nɐkɐ	nee	nie	nɐz	nɛ	nii	nei	nei	lɐi	lɑi	nɑi
397	커다	kʰjɔ ta	鋸(木板)	here	ɑrɑ	ɑrɑ	erre	ɑrɑ, pitɕɐ	kiree	piʃɡɑ	tyɐsɐlɐ tɕɐ	oɡyoʔɑŋ	kirɑz	tolɐ	tyɑɐr	itɕyurɐ	it, irɐ	fɐtɕyɐ	iimkyi	iiɑkyi
398	타다	tʰata	燒	qulɐ-	dʒɐq-	dʒɐq-	qulɐ-	ʌoq-	okyl-	ɡɑlɐ-	tyulie	tyulie	tul	tʃɐkɐ	ʃtɐ	tɕit, i	tit, i	julu	tulɐkɐ	tulkɐ
399	타다	tʰata	(車輛)搭乘	tʃyʃ- tyʃ-	tyʃ-	tyʃ-·tyʃ-	olur-	tyʃ-·tyʃ-	tɕɔcɐ-							jɐlɐ	jɑlɐ	jɑlu	uku	uk

400	파다 掘(井)	pʰaa	qaz-	qaz-	qaz-	qaz-	qaz-	qaz-	qaz-	qaz-		oiloχ	qatantu	gatantu	χutaltu	taalta qa	tʉaltʉ	turaku	unttʆa	untŋa	χataʆa	unii	ka
401	끌다 掣(牽)	pʰal ta	sat-	sat-	sat-	sat-	sat-	sat-	sat-	sat-		dur	tantɛ	dur	tʉqalaŋ sulal	tʆaila	ɛntor	su	su	so	puri	pɛri
402	뚫다 解开	pʰul ta	jef-	tʆef-	jef-	jef- jef-	jef-	jef-	tijf-	jor-		ailɑ	tʉii	ailɑ	tʉqalaŋ sulal	tʉaila	ɛntor	iʎʆana	iʎʆana	atʆɨɨ	puri	pɛri
403	파다 开(花)	pʰi ta	rereki e-	rerekte-	gylle-, rerek sal-	rereki e-	reŋekte	yevekte-	qɨjl-	qʂ-		kila	fatakiə	kila	tʆutʆak aŋʆatal	tɛlke	ne	iʎʆana	iʎʆana	ilʆanɛ	naptyɛra	ikkalɑ
404	하다 做	hatta	et-	iste-, net-	et-	et- 'it-	et-	et-	et-	et-		χigu	kiə	χigu	xi	kə	kə	aru	aru	ʊʊɔ	æ	æ
405	핥다 舔	hatta	jala-	dʒala-	jala-	jala-	dʒala-	dʒylka-	jala-	jatɨya- 'jʉjla-		dʒadlɑ; narilkɑ	tʆʉqjiŋa ntaŋqa	dʒadlɑ; narilkɑ	tʆuʆak aŋʆatal	tarə	əntor	kuru	tʆaru	tʆaru	tyɔwlɛ	æ
406	헐다 拆	hal ta	sak-	sak-	sak-	sok-	sak-	zak-	tadə-	qʂ-		dʒadlɑ; narilkɑ	tʆʉqjiŋa ntaŋqa	narin	tʆuʆak aŋʆatal	tarə	əntor	kuru	tʆaru	tʆaru	tyɔwlɛ	əlɛw
407	흔들 搖	hun tatta	ʆʊry-	loqtar-	ʆuʆla-	tʆuʆla-	yajsa-	japtʆa	jsqa-			larkila	jaaji	dʒaul	taipi	qapaltʆa	ʆuekɛ tʆo	χaixult tʊ	χaixult tʊ	tyʻrχu vu		χeχultʆa
408	흩다 散开	hutt ta	turo-	turo-	turo-	turo-	bvɔyra-	bvɔyra-	dasal-	turɔ-		turɑ	tʉqanʉn taa	turɑ	tyɔrχa ka	staraal qa	antɛr	tɔpkyɛt ŋ	samsi			

409	가깝다 近	kakʻa pta	jeqin	dʒaqen	jaqen	jaqen	əook	joʆɔn	jahsɛn	ʆira	tyɔata	wuirkɔn	uira	nɔksɨyosli ʊn	tale	oiro	χaŋʆyi	χaŋʆyi	tyɔata	taka	taka
410	가늘다 細	kamul ta	inŋkɛ	irŋjʆkɛ	ingiʆkɛ	iŋtʆke; niŋʆkɛ	yijiŋ	lefgi	ʆigi ʆigɛ	narin	nar ɛ	narin	narɨmmi	nakɔidɛl	narɛn	kyalʆyɛ	narχun	nɔmkyun	nɔmmi
411	거칠다 牲莊11	kaj epta	ɨsidiq	bəqɛtʆ	bipiʂ	qʰɛqh	qʰɛqh	giɨik	jif	gɔdɨʆgɔɛ	tʆaakɑry uma	ɨdʆoul	atʆɨli	atʆɨli	jɔχʆɨ			utyʊɔnʊn
412	같다 相同	katta	burow ɛr	burobar	burobar	berober	deŋ	bara	deŋ	atʆɨli	tale	nakɔidɛl	atʆɨli	mɑ	atali	
413	거칠다 粗	katsʰ ilta	jɔsɔn	dʒuwan	joworn' juwan	jowon' juwan	dʒoon	dʒɔn	jɔyan	puʆruʆ kuʆn	putɛn	buduun	mwua	mɑ	
414	걸다 稠	kal ta	qoju	qɔju	qɔju, quʆuw	qoɛb, qujuw	kojux	qɔjəy, quʆɔy	ʔtyχʻln	ɛɨukɔn	urkun	tyuumin	ʆi, in	paktun	pomukɑr
415	검다 黑	qara	qara	qara	qara	χara	χara	qara	χara	qyara	χar	tatɑ	saχalij an	jetʆyin	xɔnnori:	tirʊm	tyipkyɑ	tyipkyɑ
416	게으르다 懶	keur utta	horun	χalqɑw	jalqɑw	bengese	jalqɑw	yalsvv	kɑn, rumɑ	aŋɔlɑy	dʒalkɔr	lankɑn	χɔra	pʉmuχ un	pʉmʆɔn	jilχan	sɔkyalkyi	sɔkyalkyi

No.	한글	漢	rehmet	roqmet	aroqmet	reʒmet	reʒmet	enggixoi	dus'duz				bumig							tyonto	tyonto	tyonto	tyonto	tyonto	tyonto
417	고맙다 komapta	謝謝																	tap, ɑ	tyoʃ	tyonto	tyonto	tyonto	tyonto	tyonto	tyonto
418	굳다 kotta	直	tik	tuwra	tik	tik	t'k	dyz					tammen	nɨek rɔ	tʃoolte	ttopo	ttopo	tyonto	tyonto	tyonto		
419	괴롭다 koropta	難過									tʃɔrpa	tʃɔp	tʒajalɔɑ	usxɑ	ttopo	ttopo	pɑʃɕty yɑkʃe	tyopo			ttopo			
420	귀엽다 kwijjepta	可愛								xuɬkɨ ruxxun	i, iro	sanard wu	:kake ku	sɔityɔɕɔ	jɔptyɑkɕɔ									
421	굳다 kutta	硬	qettiq	qatte	qɑtuz	qettiq	qatte	Xatda	qatdey	kɑdyx	xatɨyaku	xatɔx	qytum	katan	xɔtyɔx	ɕɑtu	mɑɕɑ	mɑɕ	tyɑkyttya kyɑm	kyatyam	xɑtya		
422	굽다 kupta	彎曲 曲折	egri	jijir	jiri	egri	kekri	eyer	gɑldzɨq	eer	merei	muri	wɑiru	gakulan	meroq	ɡɔri	wɑikyu	mɑxur	kɔimukyu	mukytʃy ikyo	mɑrtytʃy ɕxɕ		
423	그르다 kurruta	錯	Xata	qata	qata, ŋeki	Xeta	Xata	sovuniyi	yemes	yige	pɑruku	puruu	puru	borɑ; tɑʃen	kolɔ	puryy	tyɑɕɔn	tyɑɕɑn	tyɑʃɑn	surtyɑ	sɕntyɕ		
424	그립다 kuripta	懷念	sesin-	sarasin-	sarasin-	sasin-	sarasin-	sarasan-	sacan-	sakdvx	m?ʔnɬk ɔt	mɑulɑ	sumula	sanɑ	sumu kɔ	potɔnɔ	ɡɔni	ɡɔni	ɡɔni	petɕ	petɕ		
425	기쁘다 kipputa	高興	quwa h-	quwun-	qubun-	quwan-	quwan-	gɑla-	ehrgɛ	erge	pɑjɨs	pesse	pajɨsu	buis	pes	pɑjɑrlɑ	urkunt ɕ	urkunt ɕ	ɑktɕnɕ	urunɕn	uttɑrun		
426	길다 kilda	長	uzun	uzun	uzun	uzun	uzan·uzun	uzin	uzun	uzun	urtyu	ʃtur	futu	ort	fhɕe	ʃtɕ	ɕulmin	ɕulmin	ɕulmin	ʒunum	onimo		
427	깊다 kipta	深	tiren	tereŋ	tereŋ	tereŋ	tereŋ·tiren	tiruŋ	ʃɑrɨ ʃɑŋ	tereŋ	kuɬn	kun	kun	guran	cɛtɑx	kur	ʒumin	,ymin	nɕmɕm	surtyɑ	sɕntyɕ		
428	깨끗하다 kkekkuthata	干淨	pakiz	tuza	tuza	pakiz	tuza	ɛrɑ	ʃeray	ʃeber	ɑrɨkun	ɑrɛn	kunʃfinni	ɑnun; ɑrɑnkun	ɑruz	ɑruun	pɔlɕɔ	pɔlxun	kiɑlɑ	ɑrun	ɑrukyky un		
429	낡다 nakta	舊	eski	eski, kone	kɔmɔ, eski	eski	eski·isk'	esgi	esgi	ɯɔdbɨs	xɑkutʃ yin	xɑuʃfin	qywuitty sn	kɑnʃfin	xuit, yɔx	Xɯuʃʃyen	fɕ	fɕ	mɑnɕ	kɑrɕptyi	irɕʃɕɕtyɕ		
430	낮다 natta	低	towen	tomen	tomon	toben	toben·teben	ɟɔʃ	bohcas	ɑlkv	pɛkɔmi	nɑnʃfin	t, yot, yoʃi	boguni	pɔklɔɕ	pɔɕɔnɔ	fɕɑʒyɑlɑ	fɕɑky ɔlɔn	nikytyɕ	nɕkytyɕ	elytyɑn		
431	넓다 nolta	寬	keŋ	keŋ	keŋ	keŋ	keŋ'kiŋ	kuan	keŋ	pedik	ukuɽ	ɑu	cʔuini	Au	uu	uuʃfim	ɔnttyɔ	ɔnttyw	tɕrɕmi	ɕesɕl	ɕesɕl		
432	높다 nopta	高	ere	ɔr, tik	ɔɔdɑ, tik	ɔri	ɔr, tik	bixi, tix	ɑrliy	sɑrɨx	untur	untur	untu	xundul	unter	ɔttur	tɕn	tɕn	kuktɑ	kuktɑ	kɑttɕ		
433	누르다 nuruta	黃	seriq	sara	ɛrɛ	bɨrɨs	ɛrɛ	ɛrɑ	suray	ɛrɛj	ʃirɑ	ʃirɑ	ʃ̩rɑ	ʃirɑg	ɨrɨʔ	ʃɑrɑ	suwɑɕɑn	sɑɕɑn	sɑjɑn	ʃɕɑrin	ʃɕɑriʃ		
434	느리다 nurita	慢	osta	aqaran	aqaran, asta	oste	aqaran·ekirin	ɑsɑn·ɑsɑn ɟɑr	qur	sɑɔdɑ	utɑkɑm	ʃ̩ɕɑɔur	utɑm	gɑɔidan	tɑmo	tyɑwɑɑr	elɕɔ	elxɔ	elxɔ	elkyɕ	elkyɕn		
435	늦다 nutta	遲	keʃ	keʃ	keʃ	keʃ	keʃ, kiŋ	uda	geʃ	sɑɔdɑ	xɔrɨʃyur	xuit, yirɑ	uta	diɑllɑtgu	utɑ	ɔryytɔ	ʃityɑn	,ityɑm	niɑtu	tiltɑ	tiltɑ		

No.	한국어	漢	ɨgɨr	uqsam axan	oʈoboxon	ɨgɨr	ɨgɨr	dɔɔjemes, deremes	oʒʃemjɔun	sudɔsmɔs	emtere	nkoi	ʃused	jalgam	moʈyi	ontoon	ttyɔlap umpɔtu iːrɔku	tryɔla puɲɔt dliːrɔku	amtyɔkyu li	amtyaŋʃi	amtyaŋʃi	otʃyokyo li
436	굳다 tar uta	硬固																			amtyaŋʃi	amtyaŋʃi
437	달다 talta	甘	tatliq	tætti	tatur	ʃirin	tatli·tatla	tapdyx	dɔhli	dɔdɔy, ten				desun			amtyɔ	amtyɔs	amtyɔkyu li	ɔkyu	amtyaŋʃi	otʃyokyo li
438	달다 tap ta	熱	bissi	bese	bese	bissi	esse, ess,	izix	issi	ahssy	xalakum	xalɔ	qyaluun	xalem	Xolɔ	Xahuun	XaɣXun	XaɣXun	sexutti	skyu	atakɣoli	leepur
439	더럽다 tar apta	臟	iplas	edelas	eplas	iplas	iflas	izix	issi	kar	perʃɔr	putʃir	keutʃia	badʒir	nocor	kyɔr	lɔɔs	laptu	lɔɔs	lɔlɔ	putʃɔr	putʃar
440	두껍다 tuŋ apta	伯	qorq-	qorɔ-	qorɔ-	qorq-	qorq-	korsa-	Xorsa-	ɔohrɔ-, ɔohrɔ-	ɔju	ɔjɔ	ɔji	ɔi	ɔi	ɔi	kɔlɔ	kɔlɔ	lɔlɔ	zɔlɔ	zɔlɔ	ɔlɔa
441	두껍다 tuk apta	厚	qelin	qalan	qalaŋ	qelin	qalan	kɨlym	Xaloŋ	qalan	tʃutʃɔkun	tʃutʃɔm	trutqun	dʒutʃɔm	tʃitʃɔ	tʃutʃɔm	ʈirum	ʈirumin	ʈirumu	ʈiram	tiram	tiram
442	둥글다 tuŋ kuulta	圓	domiloq	domaloq	tɔɔɔrek	domeloq	domaloq	tɔɔɔryk	gosgur, guliuliux	dɔɔɔr	tukurik	mɔɔlɔɔ	lolo	tukreen	koskor	tyɔkɔrik	muxilin	muɔolji ɔn	murki	mɔkyɔtin	mɔkyɔtin	mɔxɔtii
443	많다 manta	多	kop	kop	kop	kop	kop	gɔbɔj	kob, atoX	gɔhp'gɔhp	arpinɔ ɔhan	ulon	olon	borɔm	olɔ	pulan	lovtw	laptu	parɔɔz	parɔum	parɔum	mulXɔɔ
444	맑다 makta	晴	syzyk	tunɔq	tumaq	syzʼk	segem	sɔɔɔm	sizX	suzak, ɔɔldan gɔldaŋ	tyuɔkul ɔk	tyuncu lɔɔ	olon	gilbɔm	kisɔr	ɔtʃyik	gɔlɔ	gɔlɔ	kɔlɔ	kɔɔl	kɔɔl	kɔɔl
445	맵다 mepta	辣	ɔhiq	ɔjtɔ	ɔhz	ɔhiq·ɔhla	ɔyyx	ɔyɔ	ɔɔzɔ	ɔdzɔy	arpinɔ ɔhan			gɔsun			ɔɔɔˀs xun	gosiXɔn	kɔtʃyirɔn	kɔrɔt, yi	kɔrɔt, yi	kɔssxur
446	맑다 mel ta	淡	jiraq	dʒɔraɔ, ɔlɔs	arcaq, ɔlds	jiraq, ɔlis	aːɔds, jiraq	yrɔk	jiroX	bozu, uzoq	xerla	xulo	ɔolo	xol	ɔolo	Xolo	ɔorw	ɔoro	ɔoro	ɔoro	ɔoro	ɔoro
447	무겁다 mut ita	硬	gol	ɔtpes	mɔɔɔu	ɔtmes	ɔtmes	dynbas	domboX	sidɔy emes	mɔxɔr	mɔcɔr	mjuutyu	trapar	moXt yɔX	moXcor	moxur	mojo	steysurˀ ɔn	mɔmpya	mɔmpya	mɔxɔr
448	무르다 mu ruta	軟 부드럽	jumʃoq	yumsoq	ʃoŋ	jumʃoq	jumʃoŋ	yvmvok	miʃoX	jimsoq	tʃuɔkɔl ɔn	tʃoolon	trolɔn	dʒoulan	tʃulɔ	tʃyylɔn	uluky un	uxuksyɔn	ujan	ipkɔn	ipkɔn	tɔjɔ
449	묽다 muk ta	稀	sujuq	sɔjuq	sujuq	sujuq·ʃɔliɔ	suuk	sauk	sujux	gɔldar·ɔɔld ɔj	ʃɔkɔn	ɔinkɔn	ɔɔnkɔn	ʃenɔen	ɔikam	ʈeken	ujan	ujan	ujan	ujɔ	ujɔ	ujɔ
450	바르다 parui ta	正	jorn-	dʒarɔr-	dʒarɔqalda-, dʒarɔparɔ-, dʒɔra-	jura-	dert, puʃnaq	dolbolɔin	diotsili	dervelɔin derveblɔɔn	tʃuɔp	tʃop	ʈrɔ	tob	mpa	ʈiɔ	tyov	tyop	tyop	tyop	tyop	tyop
451	밝다 pakta	亮	qizil	qɔzɔl	qɔzɔl	qɔzil	qɔzɔl	kyzyl	ɔɔzil	ɔɔldale-, yosdɔ-	kɔkɔn	kekeen	kisan	gɔgɔm	kɔkɔ	kaltɔs	ɔltɔn	oltɔdɔ	ɔltɔn	zɔrin	zɔrin	neerii
452	붉다 pukta	紅	qizil	qɔzɔl	qɔzɔl	qɔzil	qɔzɔl	kɨzɨl	ɔɔzil	ɔɔzal	ulakɔn	fulam	xulan	xulam	fulɔ	soam	fulkijan	folkiɔn	fulkiɔn	ularim	ularim	uliriː

#	한국어	漢字	peta	qɕinɑq	qɕiuq	qɔjəw	qɔjuz	qɔjnɑq	qɕjə, qɥiuw	kɔjux	ɕɔj	qɔjɑy, qɯsdəy	ʔhyxʔm	ɛtukən	t, yɔisəŋ kɑjisən	tɕək tʃbtur	təkɑr	Xɔeykən	tyumin	fi, in	textimgɕ fikyen	tyipkya	tyipkyun qpyuku
453	베다	繩墨	peta	pɑt	tez	tez	pɑt	pɑt	pɑt	ʃuluun, tyrgen	mɑli, ningen	aldam	xurtun	ɑurtɛ	gɑtun	xɔurdun	gortɕ	gurtɛ	tɑtʈun	tɑtʈun	xɛrtun	əmər	səppiʔ
454	빼르다	快	par tuta	pat	tez	tez	bɔt, aldam	tez	tez'tiz	boʃ	boʃ	bos	xɛkɑusun	xɔɔsɔn	gɑtun	xɔɔsɔn	Xɔsɑ	Xuusən	untyux un	untyu xun	untyuxxun		
455	비다	空	pita	poʃ	boʃ	bos	boʃ, kɑmjdɑj	boʃ	boʃ	boʃ	boʃ	jiy	tyuJku, Jɕi	tyuukɑ	qyɔsun	tugun	tyɕku	tyɕyhkə	ssxun	usxun		kyɔɔʃɔn	iʃixi
456	설다	生, 未熟	ss lta	Xam	tʃjiki	tʃjiki	jjki	Xam	Xam, 'k'	piʃipɑɑn	jix	guhʃ kuʃ, pɛk	tʃjnɑkɑ	xɑtɔx	tyuku	kɑtun	Xɔtyɕx	qyɑtu				əʃikʲin	
457	세다	强	seta	kyti	kyʃti	kytuz	kytuz	kyti	kyti	gyldi	guʃti	gɛŋpl jɑndɑr-	t,ikʃi	utʃə ɑtɑ	qʰtun	ɑkmɔx		uurtyə kʲiurkʲi nə	ɕimə	ɕiməŋ, tʈəkʈə			
458	쉴다	討厭	ɕilta	jirgin ɑu	dʒjiren-	dʒjiren-	dʒjirken-	jirkən-	dʒərgen-	jiyren-	jiyren-	sɑnɑs	ximtɑ	t,yirwɑl	tʃəmwu ki, əŋkʲiɔrɑ kiə	kɕɑnd	sumɔ	kʲɛmtɑ	tʈɑ	tʈɑ	tʃɑkyʃʃyun		
459	싸다	賤, 賤直	sata	erzan	arzan	arzan	arzan	erzɑn	arzan, 'erzən	ɕiik	zen	ɑɕpə	kɑʃikun	cɑ, in	pyiɑmjiɲf iɑn	xəlun, gɑsun			gɔɔsixən	cɑ,xun	kɔʃkʲuli	kimtɑ	xintɑ
460	쓰다	苦	suuta	quru-	qfta	qftə	quz	qɕitiq	belliq, dlis	ɑyyx	ɔvi	qɑrə-	xɑtyɑ		qʰtun	xuɑ	ɛtyɑ	weet	ɔXɔ	ɔlku	ɔlku	kuʃikti	kəʃiɲtyɑ
461	시들다	枯萎, 萎	sittul da	jirɑq	yarɑq, dles	yɑrɑq, dlas	arɑq, dlas	jirɑq, dlis	ɑlɑs, jirɑq	vrɑk	ɑɑru-	ɔzɑq, bɔzɔ		utɑ		xɔl						əʃkɑ	əʃkɑ
462	아득하다	遙遠	attuk hada	ɑɕru-	awar-	ɔru-	ɔru-	ɑɕru-	ɑwar-	ɑry-	awar-	ɑyɑr-	pɑrɑkɑ, mpxɑrɑ	xɑrɑ	out	ɑud		Xɑrɑ	nimə	nimə			
463	아프하다	修	apʰu ta	qurun ɑu	eɕinɑrb	eɕinɑrb	eɕinɑrb	qɑrɑmsi	qɑrɑmsi	kɑrɑɕəv	qɑrɑŋɔɔ	ɕɑɑrɑ	nikxɑŋf, it, ik	nɑrɕɑi	qʰɑrɑ	bugɑntɑ gu		hɕinə	fɑrxun	fɑrxun	un, i		
464	어둡다	暗	ttu pta	kijk	kiʃkene	kiʃkene	kɕi'kɕy, kɕine	kjik	kjkine, k'	biɕii	kiɕii	kɕiy	mɑnɑrɑ	Xɑrlɲtə, ntərə	məiləmi, ɲəut, iɕɑ	truzɑn, utʃikɑn	kyɕik	mɑnɕitɑ	ɑt,ikɑ	ɑt, ik	utʃkʲuli		əɕunɕu
465	어리다	小, 微	arita	qɕi-	qi- ginal-	qɕi- ginal-	tegeren-, qɕjə-, gjtun, esenkir-	qɕi-	ejlen-	usil-	usil-	xudɑrɑ-, fərlə-	uʃkɕi	kuinjkɑɑ	tyumunlɑ	xɑki, tʃkɑr	t,iɕɑr	jui	Xuwɑrɑ	lɛltə	cɑctɑxxxx	nitʈyukʲ un	ɑtʈyɑtti
466	어리다	單	arita	joq	joq	yoq	yoq	joq	joq	yok	joX	bohɕɑs	nimkɑn	nɛmkɑn	ui	uwɑi	ki		ɑqʲu	ɑqʲu	ɑnt,yi	ɑdkʲiɕirɑ	nisuxu
467	없다	无	apta	tɛjiz	tɑjiz	tɑjiz	tɑjɛz	sɑjɑz	sɑjɑz, sɑjɑz	syyk	ʃɑtɑX, serex	juɕɑ	nɛmkɑn	nɛmkən	ninkʲiun	gəgən	jui	netkən	mit, yixijun	mit,y un	ɑrpi	ɑutʃʲin	ɑuʃʲin
468	엷다	淺	jatta	juɑqbu	dʒuqa	dʒuqa	dʒuqɑ	joʃqe	joqɑ	dʒɑnɑɑ	johbɑ		nimkən	nikyin	nɛmkʲiun	ningən	nikɕɑ		nəkʲɕli jɑn	nikʲɕli	nɛmkʲun	ɑrpɑ	ɑlpikʲkʲ əm
469	엷다	薄	jalta										nɛmikyu	nɛmkyu		nimkyu						nɛmkyun	nɛmikyu

			uz	sulew	uz, sulur	uz	ǰiber, mattur	θŋru	ǰɔʁyʁ	duŋcana	seʁʁan jeʁsa	saikan	seian	saixan	saixan	saikan	fijæka	saiky amʁo ikyen	kutʃykuli	aimaky un	nantaxan
470	예쁘 다	je piu ta	謯兒																	
471	옳다 olta	正確	tosra	tuwra	tuara	tosra	tuwra	ωige	dosra	er'ere'jer' jere		dʒugi			imu	imu	imu	dtʃyiren	tyetʃi	imu
472	외다 eta	錯	Xata	qata	qata, reki	Xata	Xata	yige	sovuniyi	yemes		adəl								
473	이르 다	irutta	早	boldur	buran	murda, boldur	boldur	ewwel, ertyk	erde	er	ehrde	ettʃye	arda	arda	arte	arte	arte	arte	arte	arte	arte
474	있다 itta	有	bar	bar	bur	bar	bar	bar	var	bur	vanyi piŋwai	boi	pi	pi	pi	pi	pi	pi	pi	pi
475	작다 tsakta	小 (大기)	kjik	kiʃkene	kji'kiye, kjine	kjik	kjkine, k''	btioii	kiaii	kəiiy	tʃitʃiʃiŋ paka	meila	uʃken	t,yuz	htii		niittyuky un	nisuxur	niittyuky un	urkyuli
476	좁다 tsopta	窄	tar	tar	tar	tar	tar	tar	dar	tar	t,yixuln eriiyən	narin	jiutyan	ityaz	yyxyan	saain	Xafiraʁ un	xiʃə	ʃilimkyum	tatʃytʃyi
477	좋다 tsotta	好	jɔʁʃi	ωɔɔʃə	eʃɔω	jeʁsi	jɔʁʃi	ekke	ɕoj	jɑxʃjɑxʃi		saz	saz	saain		oji	qji	qia	qia
478	짙다 tsitta	濃	buŋɔi	qɔjiu	qɔjiu	qɔjin	qɔjə, qujuw	kojux	coj	qɔjəy, qusbəy	tekaz	etukon	t,yoiotʃy kajisen	urkun	tyumin	Xatyux un	textimʃtʃ fikyen	tyipkyan	tyipkyun
479	짜다 tsata	鹹	tuzdi	tuzdhe	tuzdii	tuzdi	tuzdii	dusdi	duzdii	duzdii	kyu	tapseti	kyooni	dusun	foXolon	iɔʁlun	umakyuz	kutyi	apyukaz
480	짧다 tsalta	短	qisqa	qesqa	qesqa	qisqe, ketta	qesqa	kryska	qasca	casca qasca	gor			xuakaz	Xocar	foXolon	urnakyu	urumky un	æsæsæsæ
481	차다 tsʰata	凉	soscaq	suwaq	saz	sowaq' suwaq	sowaq' suwaq	sook	soX	tot,doŋ	kaytyer ko	tʃoosca	tʃoʃa	sarikuln	serikuw an	soxxun	sarkyun	soruun	soruun
482	춥다 tsʰop ta	冷	soscaq	suwaq	saz	sowaq' suwaq	sowaq' suwaq	sook	soX	tot,doŋ	kyity az	kyuit, yisn	kyut, yisn	kuitun	saxur un	ioXlun	seskyoli	iiin	etyexi
483	크다 kʰuta	大	zor	tʃoŋ	tʃoŋ	kette	zor	ulux	Xataʁ	bezak	fkuo	tke	fukie	jig	ampo	ampu	sakti	sakti	ettuk
484	푸르 다	pʰuruta	藍	kok	kok	kok	kate	kok	gok	gox	gok·gyk	kyuko	kyuko	kuki	ʃilam	lamun	ke:in fia	tʃyilam	tʃyacken	sakee
485	희다 huitta	白	oq	oq	oq	oq	oq	ak	aX	aq	t,yoiXaz	t,yXaz	tryXam	ranjan	ʃaqen	ʃaqen	pagtarin	pagtarin	ʃaqin

13. 부사(5)

			tujuqs iz	kenet, tujuqsuz dan	tujuqsuzdan	tujuqsiz	kinet, tujuqsaz	kenerten	loroiska	ohqdahrcao	kənattyə	hurtʃaʁ	mentrʃan tʃin	tʃotʃoetʃ	lortʃak	kenetyele	gaiXari	gaiXa ri, cai tyai
486	갑자 기	kap tsaki	突然															kaityaj

번호	한국어	漢																				
487	마침 matsʰ, im	恰好, 正好	del	dæl	dɔl, taq	del	del	del	dʑəŋ	del		nəlijɐt	xutu	xɐntu		dʑab		moχɕom	ʃəke	tʃuk͡yɐn	tʊɔp sɐrɐ		mɐni	mɐni	mɐnti
488	아주 atsu	很	bɐk	ɵte	ɵte	ɵyde	bɐk, ɐptɐn	dɔɐn	rivi, Xudu, moχʊloŋ	tɐmɐr, mule'muli									ure, i	sɐme	mura	mɐni	kurul
489	일부러 il puɐ	故意	qɐstɐn	qɔsɔqɐ nɐ	ɐtʊjlɐp, qɐstɐn, qɐrɐ kyk͡ɐ	qɐstɐn	ɐdɐj, qɐstɐn	ɐdɐj	nɐŋjidɐ, nɐsinɐi	ɡyjɐrdɐ, diɔgu ɛrdɐ, dʐɔrɐn	tʃɔrriku tɐ								tʃɔrtyɐi	tʃɔrty ɐi	ufɐ	pɐnin	pɐŋky kyɐ
490	잘 tsal	好好儿	jɔʧʲi	ɛʃɐʃɐ nɐ	ɛʃʃɐ	jɛʃʃi	jɔʧʲɔ	ekke	jɔʃʲi	jɔɕ'jɔʃʲi	sɐin, ɡjɐtyɐi	sɐin			sɐit	sɐ	sɐin	ʧi	ʧi	ʧi	ʧi	ʧi	ʧiɐ

14. 기타(10) (其他)

번호	한국어	漢																				
491	가루 karu	粉末	pɐruʃ ok	pɐruʃok	pɐruʃok	pɛrɛʃok	pɛruʃok	pɐruɡɔk	miʃɔʎ	suvɐq	kulir	quʧʲur	burun		qɕʔɕr	quɮɕr	ufɐ	ufɐ	ufɐ	pɐŋin	kulin	kurul
492	꼴 kʼol	样子	jɐnpzɐ	ylɣi	ylɣy	Xɪl~tyr	fɐson	yleger	jɐnpzi	jɐnpzi	jɐtʃʲu	locɐɲjɐ tzɯ	jɐntz	jɐtʃʲzi	jɐtʃʲzi	pɐnin	tʃɑitu	pɐnin	pɐŋky kyɐ
493	나이 nai	年龄	jɐʃ	ɕɐs	ɕɕɕ	jɐʃ	jɐʃ	ɕɕʃ	jɐʃ	jɐs	nɐsu	nɐss	nɐsun	nɐs	nɐs	nɐs	sɐ	sə	sə	nɐsu	pɔɐ
494	내 ne	(牧)烟	tytyn	tytɪin	tytyn	tytyn	tytyn	yʃ	tydyn	ɐs	utyɔkɐ	fue	funi	xɔnj	Xtɐ	ʧɐkiɐn	tɕɕm	ʃɐmiɐn	suɕɐm	sɑɐr
495	뜻 tʼut	意思	mene	mɐsnɐ	mɐmi	mɛsnɐ' mɐsɕɕne	mene	mɐmi	mɐmi	jiʃi	utyɕɐŋ sɐnɐkɐ	sɐnɐ	jiʃ	dʑulɐ	is	jɔsə	ɡɔnin	ɡɔnin	
496	말 mal	言语	til	til	til	til	tʼl	dyl	ɡɐhɔɐ	del	xələ	kyələn	kyəlisn	xɔlj; xusuŋ	kyɔlɐ	kyɔlɐn	ɡɔnin	kisun	kisun	kisun	ulkur	uk
497	맛 mat	味	tem	dɐm	dɕm	tem	tem	ɐmdɐn	un	un	uɕɐŋ pɐmʲɐ	ɐmtɐ	uitɔɔ	ɐnt	ɐmtyk	ɐmtyɐn	ɐmtyɐ	ɐmtyɐ mpwɐ	xuni	
498	소리 sori	声	yn	yn	yn	yn	yn	yyt	un	un	tɐku	tɐu	tɔn	dɐu	tɔx	tuun	t, ilɡɐn	t, ilɡɐn	tilkɐn	tilkɐn	telɐ kɐr
499	바릇 po rut	(种)习惯	ɐdɐt	ædɐt	ɐdɐt, kɐndym	ɕbɐt	sɛdɐt	edit	ʃiguɐn	bɔlɐs	tʃɑmʲtɐt xɐl	tʃɑmʲtɐt xɐl	uʃinʊˤr si	dɔdlɔg; sɔrɔmk ɔi	lɔskɐ ŋsɔrs ɑ	ɔʃŋsurʃ yi	tyɕt, yin	ilimpɐ xɑtyɐt, yin
500	일 il	活儿	Xizmet	qəzmet	qəzmɐt	Xizmet	X'zmet Xɑzmet	yn	ɡɐnzɔ	ɡɐnzɔ	uʃilŋɐt si	tuntɔɡ	tontɔɡ	usuŋ	ul̴ɐ	ul̴ɐɕɐpt ɐl	pɐityɐ	pɐityɐ	pɐity	pɐitya	pɐitya	pɐiʈ yɐ

알타이어 계통 제언어의 기초어휘 연구

Study on the basic vocabulary of Altaic Languages

6.
결어

    본 연구는 문헌자료의 제한으로 심화된 연구가 어려운 우리말의 계통 연구를 위하여 시도되었다. 특히 우리말과 관계가 있다고 여겨지는 관련 언어와 언어 소유자들이 사멸의 위기에 처해있는 바, 그 횡적인 비교연구조차 나날이 힘들어 가고 있는 형편이다. 이러한 상황에서 우리는 한국, 북한, 중국을 중심으로 해서 먼저 우리말 기초어휘 목록의 원칙을 세우고, 이를 근거로 중국에서의 19개 알타이어족 언어의 기초어휘를 확정하고, 나아가서 그것을 국제음성기호로 전사하고 분석하여 한국어(조선어)와의 비교 목록을 작성하였다. 즉 20개의 알타이 언어의 기초어휘 500항의 목록을 전산화하였다.

    이를 통하여 우리말을 비롯한 전체 알타이어족의 횡적 비교연구와 종합연구에 기초자료를 제공하고자 한다. 이러한 작업은 당면한 우리말의 계통적 연구에 도움을 줄 수 있는 가장 실제적이고 가능성이 있는 대안이며 기타 알타이 계통 언어들의 심화된 연구에 일정한 도움이 되리라고 생각한다. 작성된 목록을 중심으로 한 개별 언어 간의 대조 연구는 연구자들의 앞으로 남은 과제로 삼고자 한다.

참고문헌

강인선(1980), 람스테트와 알타이어학(펜티 알토 지음), 한글 제169호 : 373~409.

김광해(1993), 국어 어휘론 개설, 집문당.

김광해(2003), 기초어휘의 개념과 중요성, 새국어생활 13권 제3호.

김동소(1985), 중국의 알타이어 연구, 한글 제189호 : 147~180.

김방한(1974), 알타이어 비교언어학, 나라사랑 제14집 : 268~276.

김방한(1978), 알타이 제어와 한국어, 동아문화 제15호 : 3~52.

김방한(1978), 한국어의 알타이어적 요소, 한글 제161호 : 511~535.

김영일(1994), 알타이 제어의 어휘 비교, 어문학교육 제16집 : 281~310.

김영일(2004), 알타이어의 속격 접미사, 국어교육연구 제36권 : 47~60.

김종학(1995), 한국어의 기초어휘 연구, 중앙대 박사학위 논문.

김주원(2004), 인문.역사 : 우리민족의 기원과 형성-언어학적 관점 ; 알타이어족과 한국어, 공학교육 제11
        집 : 98~101.

김철홍(1999), 뽀뻬의 生涯와 알타이語學 硏究 業績, 어원연구 제2호 : 123~161.

김흥규, 강범모(2000), 한국어 형태소 및 어휘 사용 빈도의 분석, 고려대학교 민족문화연구원.

김흥규, 성광수, 홍종선(1998), 대규모 한국어 데이터 베이스의 다원적 통계 분석 연구, 한국어 전산학
        2, 한국어 전산학회.

성백인(1978), 한국어와 만주어의 비교 연구 (1) -알타이 조어의 어두 파열음 체계 재구에 관한 문제점
        -, 언어학 제3집 : 121~144.

신익성(1972), 言語統計學과 語彙硏究, 어학연구 8-1.

양오진(2003), 중국어의 기초어휘 연구, 새국어생활 13권 제3호.

연규동(2007), 만주어의 친족 명칭 연구, 알타이 학보 16호 : 53~76

유원수(2008), "저항력 없는" 어휘 - 절멸위기의 알타이 언어들에 대한 현지조사결과를 중심으로-, 몽골학
        제25집 : 47~69.

유하 얀후넨(1984), 게.이.람스테트와 알타이 가설, 한글 제184호 : 195~199.

이기문(1977), 한국어와 알타이제어의 어휘 비교에 대한 기초적 연구, 동아문화 제14호 : 34~102.

이충우(1992), 한국어 어휘교육을 위한 대표어휘 선정, 국어교육 85, 86, 한국국어교육연구회.

이충우(1997), 어휘교육과 어휘의 특성, 국어교육 95, 한국국어교육연구회.

이한섭(2003), 일본어의 기초어휘 연구, 새국어생활 13권 제3호.

이희자(2003), 국어의 기초어휘 및 기본어휘 연구사, 새국어생활 13권 제3호.

임지룡(1991), 국어의 기초어휘에 대한 연구, 국어교육연구 23집, 경북대학교 국어교육과.

정광, 허승철(역)(2004), E.V.폴리봐노프, 자료소개 : 한국어와 알타이제어의 친족 관계, 한국어학 제24집
: 355~378.

정광 외(2008), 한국어와 알타이어 비교어휘, 제이앤씨.

정호성(1999), 『표준국어대사전』 수록 정보의 통계적 분석, 새국어생활, 제10권 1호, 2000년 봄.

조현용(1999a), 한국어 어휘의 특징과 어휘교육, 한국어교육 제 10권, 국제한국어교육학회.

조현용(1999b), 한국어 교육용 기본어휘 선정에 관한 연구, 고황논집 제 25집, 경희대 대학원.

조현용(2000), 한국어 어휘교육 연구, 박이정.

최기호(1995), 알타이어족설의 문제점, 한글 제227호 : 71~106.

최한우(1991), 터어키내의 튀르크언어학 및 알타이언어학 연구, 알타이학보 제3집: 117~136.

木村睦子(1982), 語彙の計量, 佐藤喜代治 편, 語彙原論, 講座日本語の語彙(1), 明治書院,所收.

玉村文郎編(1989), 講座 日本語と日本語教育, 제6,7卷(上,下), 明治書院.

窪田富男(1989), "基本語 , 基礎語", 玉村文郎編, 日本語と日本語教育 6, 明治書院.

田中章夫(1988), 國語語彙論, 明治書院.

佐藤喜代治編 (1982), 語彙原論, 講座日本語の語彙 (1), 明治書院.

樺島忠夫(1989), "語彙の計量", 玉村文郎編, 1989, 明治書院 所收.

Asher, Nicolas & Alex Lascarides(1996), "*Lexical Disambiguation in a Discourse Context*", in
Pustejovsky(ed)(1996).

Asher, R. E. (ed)(1994), *The Encyclopedia of Language and Linguistics*, Pergamon Press.

Carter, Ronald & Michael McCarthy(1988), *Vocabulary and Language Teaching*, Longman.

Cowie, A. P. (1988), "*Stable and Creative Aspects of Vocabulary Use*", in Carter(1988).

Miller, R. A. (1980), *Origins of the Japanese Language*, Seatle and London: University of Washington Press,
김방한 역(1985), 일본어의 기원, 민음사

Nation, I. S. P.(1990), *Teaching and Learning Vocabulary*, Heinle & Heinle Publishers.

Poppe. N.(1965), I*ntroduction to Altaic Linguistics*, Otto Harrassowitz, Wiesbaden.

Pustejovsky, James & Branimir Boguraev(ed)(1996), *Lexical Semantics, —The Problem of Polysemy*,
Clarendon Press, Oxford.

Ramstedt, G. J. (1952), *Einfuehrung in die altaische Sprachwissenschaft II*, bearbeitet und herausgegeben
von P. Aalto, Mémoires de la Sociét Finno-Ougrienne104.2:15-262. Helsinki: Suomalais
-Ugrilainen Seura.

찾아보기

알타이어 계통 제언어의 기초어휘 연구

Study on the basic vocabulary of Altaic Languages

■■ 저자

정승혜　수원여대 부교수 · 연구책임자

태평무　중국 중앙민족대학 교수 · 공동연구원

김영황　김일성종합대학 교수 · 공동연구원

알타이어 계통 제언어의 기초어휘 연구

초판인쇄　2011년 6월 20일
초판발행　2011년 6월 30일

저　　자　정승혜 · 태평무 · 김영황
발 행 인　윤석현
발 행 처　박문사
등록번호　제2009-11호
책임편집　박채린
배본영업　류준호

우편주소　132-702 서울시 도봉구 창동 624-1 북한산현대홈시티 102-1206
대표전화　(02) 992-3253(대)
전　　송　(02) 991-1285
홈페이지　www.jncbms.co.kr
전자우편　bakmunsa@hanmail.net

ISBN 978-89-94024-60-8　93710　　　　　　　　　**정가** 8,000원